U0010145

The Science of Getting Rich

變成有錢人法則

華勒斯・瓦特斯 著　曾明鈺 譯

晨星出版

目錄

作者簡介

華勒斯．瓦特斯（Wallace Delois Wattles）一八六〇年出生於美國，時值南北戰爭結束後不久。瓦特斯早年經歷了不少失敗與挫折，他後來致力於研究各國的宗教信仰和哲學，其中包括笛卡兒、斯賓諾莎、萊布尼茨、叔本華、黑格爾、斯韋登伯格、愛默生，以及一些其他哲學家的哲學理論。他甚至開始寫作，在書中闡述他所研究的方式與普羅大眾分享。

他對自己創造的論點反覆進行實踐，就像他的女兒芙羅倫斯所說：「他幾乎無時無刻都在寫作，而就在寫作的過程中，他逐漸形成自己的思想和觀點。他自認爲是一位成功的作家，一個具有人格魅力的人，一個不斷追求進步的人。他堅持不懈地朝著實現自我理想而前進，經歷過各式各樣的生活……，他的生命是如此豐富多采。」

《變成有錢人法則》於一九一〇年出版不久後，瓦特斯就去世了。但是他的著作，以及當時另外一位名噪一時的作家奧里森．S．馬登（Orison S. Marden）的著作，卻對後世人們的思想產生了深遠的影響。雖然瓦特斯的著作大多已被人們遺忘，但在二十世紀，那些研究並實踐他所提出的致富科學理論的人，都得到了令人矚目的非凡成績：他們居然全都變得富有了！

當讀者閱讀本書，並將書裡的原則運用在自己的生活中，你將會發現這本將近一百年前的作品，的確值得我們尊重。

這本樸實精簡的實用指引，告訴我們如何以自我心智及性靈力量，迅速地累積財富。讀者只要遵從本書思想並付諸行動即能致富，並且無需爲自己的富有感到罪惡。這是作者的宏觀之一，他認爲貧者才應該爲自己的處境感到愧歉，因爲他們並沒有將人類生爲「思考個體」（Thinking Beings）的潛能淋漓盡致地發揮出來。

《變成有錢人法則》是瓦特斯的代表作，此外他的其他幾本著作《偉大作爲的科學》（The Science of Being Great）、《活得健康的科學》（The Science of Being Well），以及小說《被地獄之火試煉的哈里森》（Hellfire Harrison），都是瓦特斯足以傳世的好作品。

作者序

這是一本實用書，它不是理論式的教條，而是一本輪廓清晰、實用性強的手冊；它是爲了那些迫切想得到財富，並希望能夠先富有後再去思考致富哲學的人而寫。

這些人或許目前並不想瞭解時間、方法和機會與致富理論的因果關係。他們想要得到豐碩的結果，期望能有一種科學結論可以做爲他們行動的方針，這些想立即致富的人，並不想拘泥於研究致富科學的結論是如何被推論出來的，他們只想被告知該如何致富。

但願每位閱讀本書的讀者，都能相信書中闡述的觀點是正確的，就如同人們毫無疑問地相信馬可尼或愛迪生提出的關於電的作用。更衷心期望讀者能毫不猶豫也無須害怕地以行動眞切地驗證書中的觀點，記住！每個相信並身體力行本書方法的人，都一定能成功致富。因爲「致富科學」是一門精確的科學，只要按照書中介紹的方法實行，是不可能失敗的。

然而，有些讀者仍希望能更加瞭解這些方法背後的哲學依據，確認它們的邏輯基礎的眞實性。爲此，我在這裡提出無可置疑的哲學理論說明。

「宇宙一元論」認爲萬物皆來自一個本原（One is All），世界具有統一性（All is One）；此哲學理論認爲這個「本原」（Substance）就是一切事物產生的根源，它透過物質世界中的各種具體要素來證明其存在性。該理論起源於印度教，兩百多年來逐漸獲得了西方世界的廣泛接受。「宇宙一元論」是所有東方哲學的基礎，也是笛卡兒、斯賓諾莎、萊布尼茨、叔本華、黑格爾和愛默生等人的思想依據。想深入研究本書相關哲學基礎的讀者，建議可自行閱讀黑格爾和愛默生的著作。

爲了讓讀者更加容易理解，在編寫本書的過程中，我盡量使內容通俗、風格簡約，並捨棄一些枝微末節。書中介紹的方法都是依據哲學理論提出，已大致通過測試並受到嚴格的實踐與檢驗。而事實證明，本書提出的方法的確有效。讀者若想進一步瞭解本書的哲學理論，我仍建議可閱讀上述作者的著作，若希望擷取這些哲學理論所得出的成果，那麼就詳閱本書，並完全按照書中告訴你的方法去做吧！

華勒斯．D．瓦特斯

譯序

「改造心靈，致富輕易」

本書於一九一〇年由瓦特斯寫成出版，掐算距離現今已快屆滿一百年。一本百年前談論「致富」的老書，如何可以經過歲月淬鍊卻依然歷久彌新，仍然能被現代的社會形態所廣泛接受？別懷疑，《變成有錢人法則》的確有著這樣的能量與先見。

閱讀本書之前，應該對此書的寫成有個概括性的瞭解。作者提出的「宇宙一元論」，簡言之，就是相信這個宇宙有一股無形的強大力量，這股力量有人將祂稱爲神、上帝，也有人單純地認爲那就是一股冥冥中掌控、安排世界萬物的力量。每個想藉由本書致富的人，內心裡都要有個堅定的信仰，這個信仰不拘宗教、不拘學派，只要你相信宇宙間的確存在一股生養萬物，並與之對應的思想存在體，任何生物只要能與其和諧一氣，就能達到自身最強大的力量。

另外一個重要的觀念就是，別把「追求財富」一事當成羞恥，誤信人能「安貧」才是高道德的表現。其實追求更好的生活是所有生物的本能，當人類有能力可以做到自己想達成的事情，並透過身體、心智和性靈的全面均衡發展，如此生命才算完整。

雖然，本書的宗旨在於爲那些想立即致富的人，提供一個直接且有效的方針，是一本教人如何得到財富的書，但它卻沒有艱澀的經濟、會計和財務等理論。書裡只有滿滿的寬厚人生哲學，熱切地引領著貧困的人、想致富的人，走向更好的生活。

最基本的信念是，致富必定要以創造性思想行動，而不能以競爭思想企圖從他人手中搶奪財富。書裡的一句「只有在不是競爭的環境下，才有可能衍生偉大的道德與心靈」讓我感動許久。我想到台灣目前的教育制度，如此功利、短視近利，孩子們在升學路上擠破頭競爭；無論是功課或才藝，常常爲了一分之差而自滿或自棄。這樣的競爭並沒有培育更好的公民素質，反而造成個人自私自利的心態；而「追求知識、窮究眞理」這個原本美好的求知世界，卻成了一個沒有滋味與喜悅的煉獄。

反觀大部分歐美國家的教育制度雖非十全十美，卻重視孩子的創造性思考與品格的培養，因為他們體認唯有如此，才能教育出能享受生命並獨當一面的未來棟樑。這也就是為何那些教育觀念先進的國家，能夠不斷創新研發許多優異的設計，並從中獲取可觀的報酬；而台灣卻只能在競爭的代工產業裡，掙取微薄的利潤。這就是瓦特斯之所以要人以創造性思考取代競爭性思考的緣故，因為唯有創造性的思考，才可以帶給自我與他人更多利益。

瓦特斯的寬厚人生哲學，同樣運用在對待貧者的態度上。他不贊成人們談論、思考關於貧窮的議題，也不覺得慈善活動是真正必要的。他認為真正能幫助窮人的是幫助他們用積極的思想及態度面對生命。因為思想是最可貴的，只有懷著正面的思想，為自己確定目標並提升自我，才有可能脫離貧窮。他也說了：「當你想到或談到一些貧苦人時，請用『他們正漸漸變得富有』的思維去想或談論他們，把他們視為應當祝賀的人，而非需要我們憐憫的人。」

不以一種「悲憐」的心態對待別人，而要給予他們信心，鼓勵他們改變觀念，深信他們一定可以做到，這才是永久的善與富、眞正的善行，而非只是一時興起的支助。

瓦特斯的部分觀點也相當與眾不同，他認爲世界上之所以有貧窮的存在，和貪瀆的政府與專橫的企業財團並無直接的關係。我們不必把推翻或非難那些體制怪物做爲首要任務，反倒要相信「世界上的資源不是有限的……，只要有眾多在政府管轄下的人民以致富科學行動，這些人就會促成制度的改造與調整，並爲其他的弱勢開啓一扇大門」。

他的概念在於告訴想致富、成功的人，不要急著劃地自限，要先認同這個世界有無限的可能性。對於許多無法更改的現狀，我們可以從改造人心與個人的環境做起，只要大部分的人都能對於自己想擁有的生命形態有自覺，就能形成一股不可逆的力量，促使無能的政府或霸道的企業做出改善。

這些寬厚的人生哲學，反倒成了致富的利器，讓想取得財富的人，在崎嶇難行的道路上一路披荊斬棘、成功達陣，不但得到自己想要的財富，更獲得了快樂的人生。

最後，究竟是誰能幫助個人獲得財富？中國的一句俗諺「天助、自助、人助」，其實足以驗證說明瓦特斯的「致富科學」。

天助，「宇宙的偉大力量」爲了藉由人類表現出祂的生命力，必會給予人類充足的財富。只要你懷著深切的感謝之意，將內心的思想與景象與祂溝通，祂就能召喚所有有機、無機甚至尚未被創造的事物爲你工作。

然而你自己也要有所準備，要能看清眞相而非誤信表象、要能正確使用自己的意志力、能採用創造性思考與行動、行事要有效率、在自己的工作上以良好的態度工作、要當個積極進取的人，最好還要能夠提升其他人的生命……，這就是自助。

一旦有了天助與自助，他人必會被你的特質所吸引。他們親近你、追隨你或與你合作、爲你工作。匯集了人氣與人力，做任何事業都必定會成功。你將輕易擁有財富，因爲資源充足，你得以盡可能地發展自己的智識，而在提升自我與他人的同時，你的心靈充滿喜悅。你是個富有的人，因爲你擁有「身、心、靈」健全發展的人生。

第一章

富有的權利

The Right to be Rich

儘管人們常常讚揚人能「安貧」，但我們卻不得不承認一個事實：一個人如果沒有足夠的經濟條件，便無法擁有完滿或成功的人生。一個人若沒有足夠的金錢，就無法將他的天賦或性靈開發到最佳的境界，因爲無論是天賦的啓發或性靈的培養，都須借助外在許多事物，而在這個社會裡，如果沒有錢就不可能購買那些身外物品。

人藉由各種物品發展自己的心智、靈魂與身體。現今社會，人必須要有錢才能擁有自己所需的物品，所以「致富科學」自然成爲人類一切進步的基礎。

生命存在的目標就在於不斷地進步，所有的生命體都具備一種不可剝奪的成長權利，也就是能夠取得所需的能力。

人類本身生命的權利，就是能自由、毫無限制地使用所有的物品，而這些都是使心智、精神完滿，使肉體茁壯的必需；換言之，這就是生命個體能富有的權利。

在這本書裡，我不會採用太多修飾性的文字來討論財富，眞正的富有並非只對小小的財富感到心滿意足。一個人如果能夠使用或享受更多，就不會對身邊的小財感到滿足。自然界的終極目標，就是在於不斷地發展，並能全然開展生命；所以每個人都該擁有可以助他展現生命力的事物，那即是生命中的優雅、美麗與豐富。滿足於不足，並非神聖。

一個人擁有一切他所想望的東西，過自己想要的生活，那麼他就是富有的。但一個人若沒有足夠的錢，就絕對無法擁有他所想要的一切。現代生活已經進步到非常複雜的程度，任何一個平凡人，想過一個近乎完美的人生，都需要一大筆財富。

每個人都希望可以成爲自己想成爲的那種人，渴望瞭解自己內在潛力的可能性，這是人類與生俱來的本能。「成功的人生」就是成爲自己想要成爲的那種人。只有藉由使用各種器物，你才能成爲自己想成爲的那種人，而要能自由不拘地使用這些器物，就必須要有足夠的財富才能購買。因此，在所有的知識中，能全盤瞭解「致富科學」最是重要的。

渴望富有並沒有錯。這種對財富的渴望，實際上就是一種想讓生活更加殷實、富足、完美的嚮往，這樣的嚮往是值得讚許的。那些不想過著更充足生活的人是反常的，也就是那些不渴望有足夠的錢，購買任何所需的人，他們的想法是違背常理的。

人類生存的動機，無非爲了下列三者：健康的身體、健全的心智（智識）和至福的性靈（精神）。身體、心智與性靈三者，同樣重要且相輔相成，沒有哪個比另外兩個更重要或更加值得推崇，如果我們的生活中缺少了上述的任何一點，那麼其他兩者也不會完整地存在。只追求提升性靈，卻否認心智和身體的重要，這種想法既不正確也不值得推崇；同樣地，只重視智識開發，而忽視身體和精神的培養，也非明智之舉。

我們都很清楚，若只在乎身體的存在與享受，而捨棄性靈和心智的培養，一定會產生惡果。我們應該體認到，真正有意義的生活，應該是透過身體、心智和性靈的全面均衡發展，才能達到健全人生的完整面貌。總之，一個人若想過著真正幸福、滿足的生活，他的身體機能就必須健全，同樣的，他的心智與性靈也是一樣。只要有未能實現的可能性，或不能發展的機能，人就會產生一種不滿足的欲望。人之所以有欲望，就是內在的可能性在尋求實現，擁有的機能在尋求發展的表現。

倘若一個人的生活沒有足夠的食物、舒適的衣服和溫暖的住所，終日只是辛苦工作，沒有片刻的自由，那麼他的身體便不可能維持在最佳狀態。因此，適當的休息和娛樂，對人的體魄也是不可或缺的。同樣的，沒有時間閱讀、缺乏機會旅行和觀察周遭事物，甚至少了相互學習知識的伴侶，人的心智也不可能發展完全。

爲了提升心智的發展，人們必須參與知識性的娛樂，讓自己盡可能置身於有能力使用或欣賞的藝術品與充滿美感的事物中。

爲了使我們的性靈發展完全，我們必須擁有愛。然而，很現實的，貧窮會折損人類對愛的表現。

一個人最大的幸福莫過於能施惠於所愛的人，經由「付出」，愛發揮了最自然與眞誠的表現。一個無法付出的人，不能成爲稱職的配偶、父母、公民或一個完整的個人。人必須透過使用各種物質工具，才能發展體魄、心智及性靈，進而使自己的生命圓滿。所以對每個人來說，富有是一件極爲重要的事。

渴望擁有財富是絕對沒有錯的。任何一個正常的人，都會情不自禁地有著這樣的渴望。將你的注意力完全投注在「變成有錢人法則」，學習如何讓自己富有，是百分之百正確的，因爲它是所有學問中最可貴且最被需要的。如果你忽視「致富」這門學問，那麼你就是沒盡到對自己、對神和對全體人類所應擔負的責任。因爲盡己所能，將個人潛力發揮到極致，就是對我們心中的神和這個社會，做出的最大貢獻。

第二章

致富是一門科學

There is a Science of Getting Rich

致富是一門科學，而且就像代數或算術一樣，是一門精準的科學。在得到財富的過程中，存在一種特定的方式；任何人只要學習並遵循這些方式，就一定能夠致富。

擁有金錢和財富，都是依照某種「特定方式」行事所獲得的結果。事實也證明，無論是有心或無意，那些依照這種「特定方式」行事的人都變得有錢。相反的，那些沒能遵循這種「特定方式」的人，不論他如何努力工作或多有能力，最後還是無法脫離貧窮。

相同的「因」總是會導致相同的「果」，這是種自然方式。因此，只要學會如何用這種「特定方式」做事，任何人都絕對可以致富。以下的事實可以證明我上面的說法。

致富和環境無關，如果和環境有關的話，那麼居住在同一區域的人也都應該一樣有錢；住在城市的人會有錢，住在鄉鎮的人就會貧窮囉！或是居住在某個州的人民都能賺取大筆財富，而隔壁州的人民卻都困苦。

但是，我們在很多地方都可以看到貧富比鄰，他們都有著同樣的環境，有時還有著同樣的職業。當居住在同一個地方，從事相同工作的兩個人，其中一個富有，另一個卻貧窮，這就說明了環境和一個人是否有錢，並沒有很大的關係。有些環境或許比起其他的有利，但當兩個住在相同環境，又從事同樣工作的兩個人，其中一個有錢，另一個卻落魄，就足以說明：「致富」是利用某種「特定方式」所得到的結果。

進一步而言，將事情以「特定方式」達成的能力，也和一個人的天賦無關。許多人有足夠的聰明才智，還是沒有錢，而一些不是很有才能的人卻擁有財富。

研究、觀察那些有錢的人，可以發現他們在每個方面都很平常，並沒有比一般人更有才華或能力。由此可證，他們並非因爲擁有別人所沒有的天賦與智力致富，而是他們正巧都依照了「特定方式」做事。

致富也不是節省、節儉的結果，我們可以看到有許多小氣、吝嗇的人生活貧苦，但很多揮金如土的人卻很有錢。

致富，也並非因爲做了一些其他人沒做到的事。兩個經營同樣事業的人，幾乎都會做著同樣的事，結果可能是其中一個人很富裕，但另一個人卻是窮困潦倒甚至破產。

因此綜合以上所述，我們得到一個結論：致富是由於遵照某種「特定方式」行事所得到的結果。

致富倘若眞的是由於遵照某種「特定方式」行事所得到的結果，而相同的「因」通常導致類似的「果」，那麼無論是誰，只要能按照「特定方式」做事，就能擁有財富。「致富」的過程就能像精準的科學一樣，受到完全的控制。

問題來了！這種「特定方式」會不會過於困難，只有少數人可以做得到呢？但就我們所見，事實並非如此，至少，「特定方式」是我們人類的天生能力就可以做到的。有才能的人可以有錢；笨拙的人也能有錢。聰明絕頂的人可以有錢；傻瓜也能有錢。身體強健者可以有錢；身體羸弱的人也能有錢。

當然，某種程度的思考與理解能力是必須的。但就天生具備的能力來說，只要有能力可以閱讀並理解我書中文字的人，就一定可以致富。

我們剛剛也瞭解了，環境和致富是沒有什麼關聯的；但地點與地理位置確實有可能造成影響，比方說你就別期望自己能在撒哈拉沙漠打拚出成功的事業。

想要致富就要有和群衆連結的必要，而且必須要在有人可以交易的地方，而這些人也願意以你想要的方式與你交易，那是最好不過的了。但環境的影響也僅止於此。

只要你的居住地附近有人富足，你也一定可以有錢；在你生活的縣市裡，有人可以擷取財富，你當然也可以。

此外，一個人能否致富也與選擇的行業或專業無關。每個行業或專業都有人致富，但住得很近、從事相同工作的人，也有人是窮困潦倒的。

如果你從事的事業是你所喜歡，又很適合你，你一定可以做得有聲有色。當然，倘若你有某項天賦，這項天賦又得到很好的發展，你就能在需要這些天賦的行業中做到最好。同樣的，如果你所在的地方，非常有利於你所做的工作，你也一定可以有傑出的成就。例如在天氣溫暖的地帶販售冰淇淋，業績就一定比在格陵蘭島來得好；在美國西北沿海經營捕鮭漁業，就絕對勝過在佛羅里達州，因爲佛羅里達州不產鮭魚。

但是，沒有了這些大致上的限制外，一個人能否致富，並不在於你是否投身於任何特別的行業，而是在於你是否能學著以「特定方式」做事。和你在同一領域的人，除了你以外，其他人都能因爲從事相同的行業而致富，關鍵就在於，你並沒有和其他人一樣按照相同的「特定方式」工作。

沒有資金，也不會阻礙一個人致富。當然了，假如你有資本，你就能更容易、迅速地累積財富。

現在，無論你有多窮困，只要你以「特定方式」做事，你就會開始有錢，你就能即刻擁有資金。獲取資金，就是致富過程的一部分，這也是你以「特定方式」做事後，必定會得到的成果之一。

你或許是一個窮得不能再窮的人，而且負債累累，你沒有朋友、沒有影響力，也沒有資源。但只要你下定決心，開始以我告訴你的「特定方式」行事，你絕對會即刻獲利。因爲相同的「因」，必定產出相同的「果」。照我所說的去做，即使沒有資金，你也會找到資金；若你走錯行業，就能轉入適合你的行業；如果你所在的地方不對，你也能到達對的地點。

就從你現在的地點，你現在所從事的行業開始，用這個能夠讓你成功、致富的「特定方式」開始工作吧！

第三章

機會被壟斷了嗎？

Is Opportunity Monopolized?

人並不會因爲機會被剝奪、其他人壟斷財富或對財富設定限制而貧困。你可能因此無法以特定路線進入此種行業，但其他的致富管道仍舊爲你而開。

也許對你而言，得到鐵路系統的經營權是非常困難的，因爲這個領域可說已是絕對壟斷，但電氣鐵道系統卻仍在萌芽階段，可說是一個企業的偉大願景；而且再過幾年，航空運輸業也將成爲舉足輕重的事業，屆時將會提供成千甚至上萬的工作機會。你應該把創業的焦點與注意力放在空中事業，何必和那些已經壟斷市場的蒸汽火車企業競爭？

（譯注：此爲瓦特斯百年前的先見，足以印證現今交通事業的發展。）

假如你是一家大鋼鐵公司的工人，想要成爲該公司老闆的可能性將微乎其微，但如果你能依照「特定方式」行事，你就能迅速脫離鋼鐵公司的束縛。你可以買座十至四十英畝的農場，從事糧食種植或食品製造事業。這是一個人想要以此爲生的好機會，看準市場，以一片農地集中種植、耕耘，就可以創造財富。若你認爲光是購買土地，就是一件不可能的事，接下來我就要向你證明，事情絕非不可能，只要能依照「特定方式」工作，你一定可以得到農場或任何你想要的東西。

在每個不同的時期，會有不同趨勢的致富機會。這個機會視全體人類的需要而定，或是爲了因應社會發展的特殊階段而產生。每個時期都有不同的迫切需要。任何的事業與專業都會因爲這個趨勢，而有不同層次的獲利順序。也許某個時期因爲農業而發展的事業，會比爲了工業而發展的事業來得有潛力；另一個時期則是相反。即使這個時代農業相關專業吃香，但到了另一個時代，卻可能是工程專業獨占鰲頭。

懂得當機立斷、抓緊時代趨勢的人，比起試圖想逆勢而爲的人，更能得到豐沛的致富機會。因此，工廠的勞工或整體勞工階層，他們的機會並沒有被剝奪，勞工階層並沒有被他們的雇主所「抑制」，他們也沒有被「牽制」在大企業或財團底下，他們之所以身處那樣的階層，只是因爲他們沒有按照「特定方式」行事。

只要按照「特定方式」行事，勞工階層就有可能成爲領導階層；此種致富方式適用於所有人。爲此，他們必須學習，如果他們只是持續長久以來的行爲模式，他們就永遠不會進步。一個獨立的個體，若能不受所在階級的某些固有觀念或思考影響，他就能順勢得到致富的機會。本書將會說明應該如何做到。

沒有人會因爲財富供應短缺而貧窮，世上的財源比我們想像的還多。光是美國的建材，就可以爲世界上每戶人家建造一棟豪華房舍；在集約耕作的方式下，美國所生產的羊毛、棉花、亞麻和絲綢，就足以爲世界上的所有人裁縫出一件華服，並有能力供給每個人豪華的饗宴。

我們肉眼可見的物質財富可說是用之不竭；然而那些無形的資源，更可說是無窮無盡。世界上你所能見的事物，全都來自一個本原（one original substance）、同一存體（One Thing）；因爲這個本原，所有的事物得以開展。①

新的物質形象持續地被創造而出，舊有的便逐漸消失，但世界萬物的形貌卻都是同一存體的變貌；換言之，宇宙的本原以不同的形態向我們呈現。

這個無形的本原，給予我們源源不絕的物質供應。我們的宇宙，就是由這個本原建

① 本書中作者提到的本原（one original substance）、同一存體（One Thing）、無形存在體（Formless Substance）、無形的生命存在體（Formless Living Substance）、無形的思想存在體（Formless Thinking Substance）、神、上帝等抽象名詞，都是在表示一股宇宙間無形的力量，那股力量是我們必信、必敬，更需要心存感激的。

構而成；但創造宇宙，尚未將本原耗盡。在我們雙眼可見的有形物質空間中，宇宙的本原仍行於其中，它以無形的方式存在，它是萬物創作的原料。它的能量之大，不斷地被產出、製成，如此千百萬次，歷經千百萬年，即使如此，它仍毫無竭盡地供應我們的物質需要。

因此，不會有人因爲資源枯竭而貧困，或因爲沒有資源而受困。自然界是一座豐饒的寶庫，它的供給絕對不會短缺。「宇宙本原」的存在，爲世界創造能源，並持續不斷地以各種資材的形貌出現。當建築材料耗盡時，就會有更多原料產出；當土地不再肥沃，農作物與紡織材料無法生成時，土壤將會再次更生，或將有更多的耕地會被創造而出。即便地球上的金、銀礦物被掘盡，只要人類社會仍處於對金、銀有需求的階段，那無形的本原、存在體，就會再爲我們創造出那些貴重金屬。這個無形的本原永遠都會因應人類的需要，讓人類的資源不虞匱乏。

對人類整體而言，我們的生活總是非常豐沛富足，如果有人貧窮困苦，原因應該在於他並未依循這種能使人富有的「特定方式」做事、過活。

這個無形的存在體是有智慧的，它能思考；它是活生生的，它總是創出更多生命體；它是生命與生俱來且一脈相承、想活得更好的動力；它是自然界藉以擴展自體的智慧；它尋求意識的拓展與充分發揮。宇宙的萬物萬事，都由這無形的生命存在體（Formless Living Substance）所形成，它將自己化身爲物質形態，藉此將自體更加完整展現。

宇宙是一個偉大的「生命存在體」，持續地衍生出生命並使其完整。我們的宇宙與自然界是爲了繼起之生命而形成，使它趨前的動力是不斷出現的各種生命體。基於此因，它慷慨地爲我們提供所有利於繁衍的條件，絕不使我們短缺，除非——大自然或這冥冥之中的神，違背了它自己所訂下的規律，並要讓它創作的豐饒世界，盡成廢土。

人類也不會因爲財富供給不足而貧困，我將進一步證明這個事實：只要能以「特定方式」行事，即使是那些我們看不到的無形物質，也會受到我們的支配。

第四章

有錢人法則一

The First Principle in the Science of Getting Rich

思想，是將無形的存在體轉換成有形物質的唯一力量。世界上所有的事物都是由本原——這個無形的存在體所生，所以它也能將我們的思考、想法逐漸成形，並以實體的形態出現。

「宇宙本原」會依照不同的思想運作。在自然界中，我們看到萬事萬物所呈現出的形態與過程，都來自「本原」思想後的具體呈現。這種無形的存在物質，一旦想成為某種樣貌，就會成為那種樣貌；如果它想做那種動作，就會產生那種動作。這就是宇宙萬物被創造而出的方式。

人類的世界是個思想的世界，當然也是宇宙思想世界的一小部分。不斷變遷的宇宙來自於無形存在體的衍生；我們的思考模式運作，當然也得遵循宇宙無形本原的思考模式，就猶如星體、太陽與世界規律地運行一般，維持一種「特定的方式」。也好比是一棵緩慢成長的橡樹，儘管要經過幾個世紀的生成，但終究會成為一棵大樹。

在創造的過程中，無形存在體遵從著一條早已建造、安排好的程序而走；一棵橡樹，並不會以一棵參天大樹的樣子突然出現，但在大自然啓動思想的時候，這股力量就會驅使自然界長出這棵樹，並按照生命既定的成長模式，逐漸將這株樹苗變成一棵大橡樹。

任何思想的存在體，只要想著有形物體的形成，這個物體就會被具體地創造出來。但大致上來說，宇宙中神祕的本原，早已爲我們設定萬物的成長及行動的過程了。

當我們想以一種特別的方式建造一棟建築物，如果我們只是用無形的存在體，對其進行一種銘刻，也就是我們只是在腦海裡想著這棟房子將會如何被建成，這房子並不會立刻成形，但它卻會經由某些貿易或商業管道的創造力量，一步步地被建造完成。如果世界上還沒有這些創造力量，這棟房子就會直接以其原始的形貌出現，而無須經過有機和無機世界緩慢的演進過程。

任何被思想深刻印記於本原（也就是無形存在體）的物體，就會被創造成一種存在的實體。（譯註：換言之，只要有想像力、思考力，就會有創造力。）人類本身就是一個思考體，我們的思想也源自我們本身。一切經由人類雙手所創造出來的東西，都必須先在人類的腦海成形，才能得以實現、成眞；沒有什麼事物是無須藉由思想，就能憑空出現的。

到目前爲止，人類幾乎只將自我能力侷限於雙手，只將雙手勞動的能力運用在這個有形的物質世界，並從中爲現有的物質尋找改變或調整的方式；卻很少想到要利用自己銘刻無形存在體的強大思想能力，創造嶄新的物質形態。

當一個人的腦海中形成某個想法時，他就會從自然界中尋找出適合的材料，然後做出他內心所想像的那個形體。到目前爲止，人類幾乎很少與那擁有崇高智慧的「造物主」——控制宇宙與自然的大地主宰，進行合作。人們從不敢夢想，自己也做得到「造物主所做的事」。人們用盡心力改造與調整現有存在的物質，卻從沒認眞思考過：人類是否能靠著與「無形存在體」交流思想，而創造出嶄新事物？我將在這本書中證明每個人都能做到，並要告訴你要如何做到。

第一個步驟，請先爲自己訂下以下三個基本的主張：

首先，我們必須確信宇宙中有一個神祕的本原，一種「無形存在體」，宇宙萬物都是由此本原所衍生。所有我們看似不同元素所組成的東西，其實只是同一元素以不同的方式呈現；所有自然界中的生物或非生物，都是由一種相同的原料、存在體所形成的不同形態。

再來，這種「無形的思想存在體」具備了思想的能力；它是種可以將所想的事物具體產出的思想能力。只要它在想法裡勾勒形象，就會創作出具體的東西。

最後，每個人都是一個思想的中心，每個人都具備產生思想的能力。如果個人可以和「存於宇宙的無形思想存在體」溝通想法，這個人就有創造事物的能力，他就能做出自己心中所想的一切。我再強調一遍：

> 宇宙萬物都由一種「思想存在體」所衍生、創造，這種「本原／思想存在體」的原來狀態，彌漫、穿透並充滿整個宇宙空間。
>
> 這個無形存在體中的任一個思想，都會形塑成眞。
>
> 人類可在腦海描繪新的事物，並將自己的思想**銘刻**於冥冥中的宇宙無形存在體上，就能將空想的事物一一創造出來。

或許有人會問我，如何證明我的說法是正確的，我想我不必詳述太多細節，就可以用邏輯和經驗來證實我以上的陳述。

從有形物質和思想間的相關現象，我推論得到「思想存在體／本原的存在」；而由這個「思想存在體／本原的存在」在宇宙間的運行方式，我又推論出「人有能力致使其心中的思想成為具體的事物」。

經由實驗，我得到這樣的推論是正確的，以下就是最好的例證：

如果有個人讀了這本書，並因為照著書中提出的方式去做而致富，這件事就能證明我的主張與論點；除非有人完全按照相同的程序去做卻失敗了，否則只要每個照著我書中方法去做的人都能致富，我的主張就是強而有效的。我所提出的致富過程一定有效，因為每個嚴格遵循我書中方式的人，都絕對會成為有錢人。

我之前曾經提過，一個人之所以致富，是因為他能以「特定方式」行事；若想依照這種「特定方式」行事，就必須要能以「特定方式」思考。

一個人的思考方式，直接影響他的做事方式。

如果你想要以自己希望的方式做事，就必須要有能力去思考自己的思想是否正確；這正是致富的第一個步驟。一個人要能不受事物表面之影響，正確地判斷出其中的眞相爲何。

每個人天生都具備一種可以判斷眞相的力量。但事物的表面狀況容易對我們的判斷造成影響，所以我們得花費更多工夫，才能做出正確的判斷。根據表象與我們看到的事物去做判斷很容易；不被表象所矇蔽，能夠思考箇中眞理卻很困難。爲了要做到這一點，絕對要投注相當多的心力。

多數人害怕深入且持續的思考，所以他們寧願從事勞力工作。思考是世界上最艱難的事。尤其當事物的表象和眞理完全相反時，思考這件事就顯得更困難。我們的眼睛看到、觀察到世界上事物的表象後，心裡就很容易對其信服。唯有先瞭解事物的眞相，才能避免被表象/假相所矇騙。

如果你只看到貧窮這個面相，你的內心就會相對應出貧窮這件事。除非你自己能先確信沒有貧窮、只有富裕這件事。

當你的身邊被疾病的表象所環繞時，你要確信自己會健康；而當你身處貧困時，你要對自己能夠富有感到深信不疑。相信眞相，需要強大的力量。能擁有這種相信眞相力量的人，就是一位「意念大師」，他能征服命運，並能得到自己想要的一切。

想得到這樣的力量，就一定要能瞭解隱藏於事物表象後的眞相；這個眞相就是確信「宇宙中有一種能創造出萬物的思想存在體」。

我們必須眞的相信，這個思想存在體的所有想法都能成形，所以人也可以將自己的想法銘記在這個思想體上，並使之成爲雙眼可見的具體事物。

當我們眞切地瞭解這點，我們就不會感到懷疑或懼怕，因爲我們知道我們可以創造出自己想創造的事物，我們可以得到自己希冀的東西，我們更可以成爲自己想要成爲的人。第一個致富的步驟就是，你必須相信本章前面所提出的三個主張，他們是如此的重要，我於此再重複一次。

★宇宙萬物都由一種「思想存在體」所衍生、創造，這種「本原／思想存在體」的原來狀態，彌漫、穿透並充滿整個宇宙空間。

★這個無形存在體中的任一個思想，都會形塑成眞。

★人類可在腦海描繪新的事物，並將自己的思想**銘刻**於冥冥中的宇宙無形存在體上，就能將空想的事物一一創造出來。

你必須先將自己的其他宇宙觀放到一邊，只認眞思考我這裡提出的觀點；你一定要讓這些觀點進駐，直到它們深植你的腦海與心靈，變成你的慣性思考。請你不斷地精讀、再三複誦這些信念，將這些字句全都牢牢記住，不停地思索直到你能完全信服。若你心中有了疑問，請先將疑問擱在旁邊，別去聽別人是如何評論這個想法，別去聽任何與這個想法相左的演說，也不要閱讀書報雜誌中和這個想法不同的觀念。假使你不能確信並對你的信念感到混淆，你的所有努力將會白費。

別對這個觀念感到質疑，也別懷疑它們如何可能讓致富的夢想成眞，你只要完全信賴這些觀點就好。

致富首則：請全然相信我所告訴你的一切！

第五章

更好的人生

Increasing Life

你必須徹底摒棄原有的舊觀念，不要將貧窮歸咎爲神的旨意，也千萬不要認爲窮苦一生就是自己的宿命。

「無形的思想存在體」是宇宙的一切，並充斥著整個宇宙。這股力量存活於萬事萬物中，當然也存在你的身心裡。身爲一個有意識、有智慧的存在體，就一定會有與生俱來，希望活得更好、繁衍得更多的欲望。每種生物都會持續不斷地尋求使自己族類更爲壯大的方法；凡是生物，爲了存活下去，就必須讓自己變得更好、更茁壯。

種子一旦落入土壤，生根發芽，爲了繁衍後代，它將生出更多的種子。只要是生命體，絕對會不斷繁殖出更多的後代，或己身更爲增長。**生命永遠會更多、更豐碩**，這是必然的道理，因爲這是讓物種綿延不絕的唯一方式。

人類智力也會爲了繁衍、進化而不斷提升。我們所想的每件事，必定和我們腦海裡的其他思想有所關聯；爲此，我們的意識不斷擴張、拓展。每件我們所知道的事情，引領我們去瞭解另一件事情，我們的知識也因此不斷增長；我們所培養的每項才能，都會讓我們的內心渴望學習另一種才能。我們被生命的強烈欲望支配著，我們尋求表現自我的機會，這個念頭驅使我們更進一步求知、做事與體驗生命。

爲了能夠更進一步求知、做事和體驗生命，我們就必須擁有更多的資源、更多的條件與物質。唯有使用這些物質條件，才能讓我們不斷學習、不停行動，盡全力展現自我。我們必須要富有，生命才會更豐富美好。

對財富的渴望，單純是一種壯大生命、追求圓滿的能力；每一種渴望，都是由於想讓無限可能性化成行動而做出的努力。我們內在的力量爲了尋求展現的機會，就會產生欲求與渴望。我們會想要更多的財富，其實和植物生長的原理是一樣的，這就是生命，所有生物都在追尋最大化的自我表現。

那個唯一的神祕的無形生命存在體，自然也遵循著萬物法則。宇宙間充滿了無限的生機與渴望，這就是爲什麼祂一直都在開創生命。唯一的神祕的無形生命存在體也希望能藉由你展現更多生命力，所以祂要你擁有一切你可以使用的東西。

你能致富，也是神的期望。祂要你富有，因爲你若能擁有充分的物質，就可以得以表現出祂的存在；祂就能經由你，更充分展現祂在宇宙的價值。倘若你能無限制、自由地使用人生中可用的物質，祂就能在你的生命裡更爲滋長。

大宇宙希望你得到每件你想要擁有的事物。

自然界傾力助你完成計畫。

所有事物自然而然爲你準備。

下定決心別再質疑這一切。

然而，所有的前提在於，你的目的應該與宇宙的律法和諧一致。

你應該給自己一個眞實、有意義的人生，而非只是追求感官的享受。生命是各種機能的均衡展現，一個人唯有在身體、心智與精神層面，得到完全發展而又沒有偏離或過度，他才算是眞正活過。

一個人想要致富，目的並非是要過著粗鄙俗氣的生活，或只是爲了滿足動物本能的欲望，這不是生命的眞正意義。但切記，身體機能的充分展現，也是生命的一部分，一個人如果對身體正常且健康的衝動過分壓抑，他就不算活得完整。

也不該只是爲了享受心智上的喜悅、增廣見聞、滿足抱負、勝過他人或能功成名就，才去追求財富。這些事情在我們的人生中雖然都是合情合理，但一個只爲智識而活的人，只享有人生的一部分，他的生命永遠無法圓滿如意。

當然也別只爲了他人才想致富，想貢獻自己以求拯救人類、體驗博愛與犧牲的喜樂。心靈（精神）的享有只是生命的一部分，這個生命機能並不比身體或心智的發展來得更好或更尊貴。

致富的目的在於你能吃能喝，衣食無虞，而且當你享受食物時能感到歡喜；在於你能被美麗的事物環繞，你能遠行，增廣見聞，犒慰自己的心靈，發展自己的智慧；致富的目的也在於，你能熱愛人群並勤於爲善，以及致力扮演幫助我們更加瞭解世界眞理的角色。

但請你記得，極端的利他主義並不比利己主義來得更好或高尙，兩者都不是正確的。請先將心中「神要你爲他人犧牲，並將爲此給你恩澤」的念頭徹底摒除。宇宙的萬物之神並不會要求人做任何事，祂最爲期盼的就是你能爲自己也爲別人，做到最好的自己、發揮最大的潛力。徹底做到自己所能達到的目標，讓自己更爲完備，就是幫助別人的最佳方法。

你若想讓自己更爲完備、更加完整，就必須要先掌握財富。所以將致富當成自己的首要目標，不但正確，更值得讚揚。

然而，請別忘了，這個無形的生命存在體是爲宇宙萬物共存的，祂的動力是爲了所有生命而存在；祂不會使任何生命短缺，祂對世界生物一律平等，無論是尋求財富或生命都是一樣。

「一枝草，一點露」，這個有智慧的生命存在體會給予你所需的，但祂不會從別人手中奪取給你。

所以別在心中有「競爭」這個念頭，你將要去創造屬於自己的，而非與那些已經存在的事物競爭。

你不必奪取任何人的東西。

你不必事事計較。

你不必欺瞞別人或占人便宜。

你不必讓他人為你工作，卻只給對方低廉的回報。

你不必覬覦或羨慕他人的財富，你可以得到別人所擁有的一切，而且不必從他人手中強取豪奪而來。

你要成為一個創造者，而非競爭者。你必定可以得到自己想要的一切，只要你以這種方式得到自己所要的，你所影響的每個人，絕對會比現在得到更多而非減少。

我當然也瞭解，有很多人獲得大量財富的方法，和我上述的方式幾乎相反，在這裡我想做些說明。有些家財萬貫的大富豪，他們的確純粹因為自己優異的競爭整合能力，賺進大把鈔票；而有些卻是在冥冥之中因為工業革命，與掌控一切的「無形存在體」的族群提升計畫與運動產生連結，如洛克菲勒、卡內基、摩根等人，就是在不知不覺中成了「至高存在力量」的代理者，為祂在工業生產過程中的系統化及組織化，做出有效率的規劃。在他們完成這些工作後，他們對全體人類有了巨大的貢獻，然而他們的任務也結束了。他們完成產製過程，而很快地將有更多後繼者會來接手組織產品分銷、配送的部分。

他們就像史前時代的爬蟲類，在演化的過程中，他們是必要的一環，然而那個促使他們出現的力量，在目的達到後卻要將他們棄置。此外，也請瞭解，他們從來並未眞正地富有過，根據記載，這個階層大部分人的私生活，其實是可憐又可悲的。

以競爭方式得來的財富，永遠無法令人感到滿足，更不會長久；你或許只能短暫地擁有這些錢財。但請切記，你若想要以科學的特定法則致富，你就必須完全提升自己，不只是將眼光放在競爭的思維上。你也千萬不能有供給有限的念頭。一旦你認爲所有的財富被「侷限」了，被銀行家或某些特定人士壟斷了，你必須盡自己所有的努力，才能通過某些法規，阻止這種情況發生。此時，你就陷入了競爭思想的桎梏，你也在此刻完全喪失所有的創造力量；更糟的是，你也許將會制止自己已經開始的創造活動。

你要確信，在地球無數的山脈中，仍然存在著價值不菲的黃金等人挖掘。就算這些黃金全都被開採完，這個「智慧的無形存在體」將會應你所需，創造更多。

你要確信，你想得到多少財富，就會得到多少。絕對不要只著眼於那些可看得到的供給，你應該要將眼光放在「無形存在體」將帶給你的無窮財富。

你要確信，只要你越快能接受並使用這些財富，財富自然越快來到你的手上。沒有任何人能控制並限制那些屬於你的財富。

千萬別讓自己認爲那些精華的建築路段，在你準備好搶攻之前，已經被人捷足先登了。別將大公司或聯合企業放在心上，別害怕他們將占有整個市場並因此擔憂。更別畏懼其他人將會擊垮你，讓你失去你想要的一切。這些事情都不可能發生，你所追求的東西並不是掌握在別人手上，你將在「無形的存在體」上，創造出你的需要與想像，你的資源與供給毫無止盡。

請你一定要牢記，我們之前就提過的這幾句話：

★宇宙萬物都由一種「思想存在體」所衍生、創造，這種「本原／思想存在體」的原來狀態，彌漫、穿透並充滿整個宇宙空間。

★這個無形存在體中的任一個思想，都會形塑成眞。

★人類可在腦海描繪新的事物，並將自己的思想**銘刻**於冥冥中的宇宙無形存在體上，就能將空想的事物一一創造出來。

第六章

看財富迎向你

How Riches Come to You

當我說你不需要和別人斤斤計較時，並不代表你完全不用和別人講價，也不是指不用和其他人打交道。我的眞正意思是，不要和他人做出不公平的交易；別去想要如何不勞而獲，反倒該想想如何給予他人更多他們所需要的價值。

你不可能在交易中付給對方超過市場價格的東西，但你可以給對方更多金錢無法衡量的價值感。這本書所使用的紙張、印刷的墨水及其他材料，總價值一定不值你付出的買書錢，但如果書中的想法與觀點可以爲你帶來財富，你就絕對不會去抱怨賣這本書給你的人；他們的確賺了你一些小錢，但卻給予你更大於此的使用價值。

假設我有一幅出自某位藝術大師的畫作，這幅畫在我們所謂的文明開發社會裡，價值數千美元。我將它帶到巴芬灣，利用我的行銷技巧，勸誘一位當地的愛斯基摩人用一大綑價值五百美元的毛皮和我交換。我的這種行爲就是在占他的便宜，因爲那幅畫對他沒有任何用處，根本是毫無使用價值，對他的生活也沒有幫助。

但假使我用一把五十美元的槍，和他交換那綑毛皮，對他來說這個交易就有價值多了。因爲槍枝對他有很大的用處，他可以用這把槍取得更多的毛皮和食物，並在各方面改善他的生活；這把槍可能會使他富有。

當你將自己的競爭思想提升爲創造性計畫時，你就要更謹慎仔細地審視自己的交易。如果你賣給他人的東西不能提升對方的生活，也不如他給你的交易物來得有價值，你就該停止這種交易。要做好自己的事業，並不需要去傷害別人，如果你現在所做的事會讓別人吃虧，請立即停止這樣的工作。

倘若你的商品能讓對方感受到它的使用價値大過於金錢價値，你的每一筆交易，就能提升那些和你交易過的人的生命質感。

如果你雇人爲你工作，你從他們身上取得的現金價値，一定比你付給他們的工資高。你可爲此整頓你的企業，制定獎勵規章與進修規劃，好讓每位員工每天都有動力追求進步。

你可以讓你的企業影響你的員工，正如這本書帶給你的影響一樣。你可以將你的企業當成一座階梯般經營，在企業裡，只要能克服困難的人，就能向上攀爬，讓自己更爲成長、高升；你給了他們這樣的機會，他們卻無法領受，問題就不在於企業，而在於個別雇員本身了。

最後要提醒你的是，你要將充斥在生活環境中的「無形存在體」，轉化成令你致富的創造物，這並不代表有形的物質會自體在空氣中成形，就此變成你要的形體呈現在你眼前。

比如你想要一部縫紉機，我並不是說，你只需要將「我要縫紉機」的想法印記在「無形的思想存在體」上，卻沒有採取任何行動（也就是你只是在空想），就可以等著它自動出現在你身處的房間，或任何你需要它的地方。這是不可能的！

我要你明白的是：如果你眞的想要一部縫紉機，請持續它在你腦海中的模樣，並用最積極樂觀的想法，相信它正在被製造的過程中，或它正在前往你手中的路上。一旦你有了這樣的念頭，就要秉持著最虔誠及毫無疑問的信念，無論是思考或言談或任何作爲，都要相信這部縫紉機正在運送的路上。你要認爲那部縫紉機就是你的，它就會被「崇高無形智慧體」的力量帶到你手中。這樣的行爲將視個人強大的意念而生。

所以如果你住在緬因州，也許會有來自德州，甚至遠從日本而來的商人，透過某個交易的機緣，把你的縫紉機送到你身邊。這全是因爲你強烈想要這部縫紉機，所以才會讓你順遂心願。如果因此完成交易，無論是你或對方都在其中得到好處。

永遠都不要忘記，「思想存在體」充斥彌漫於宇宙萬物與所有空間中，祂同時能連結並影響世界萬物。「思想存在體」渴望更完整的生命及更好的生活品質，爲此，祂使縫紉機得以被創作並成形，其他眾多物品的創造也是如此，無論何時，只要人類的內心存在著渴望與信念，並以特定方式行事，所有的事情都將成眞。

你能擁有一部縫紉機，你就能擁有其他的東西，或任何你想追求的事物，這些東西都可以提升你的生命，也能讓其他人的生命更趨完整。

別再遲疑，讓自己盡可能提出更多的需求！耶穌曾說過：「你們的父，樂意把國賜給你們。」（《聖經》〈路加福音第十二章第三十二節〉）

「宇宙本原／無形存在體」期待經由你，讓祂得以有最大可能的展現；祂當然希望你能擁有任何你可以或將能使用的物質，好讓你的生命更加豐富完整。

如果你能確信自己對財富的渴望，也明白這同時也是宇宙本原想要更求完整呈現的渴望，那麼你的信念將更爲堅定。

我曾經看過一位坐在鋼琴前的小男孩，他努力地想要彈奏出和諧旋律，卻爲了自己彈不出一首曲子而傷心懊惱。我問他爲什麼生氣？他回答：「我可以在內心裡感受到音樂，但我的手就是不聽使喚。」他內心的音樂，就是一種宇宙本原的強烈欲望表現，這種欲望存於各種生命中，包含了各種可能性。這裡所指的就是音樂，音樂想藉由這個小孩被呈現出來。

神、上帝或我們所謂的無形存在體，試著經由人類，存於世界並享受這個世界。祂如是說：「我要讓人類的雙手造出壯觀的建築，彈奏妙不可言的旋律，彩繪令人動容的圖畫；我要讓人類的雙腳爲了我的使命奔走，雙眼看到我所創造的美景，嘴巴傳誦偉大的眞理，唱出令人讚嘆的歌曲……。」

所有一切的力量都有可能經由人類而展現。神讓有能力演奏音樂的人，創造出鋼琴及其他樂器，並用方法激發他們的才能，將他們的潛力發揮到極致；祂讓有藝術鑑賞力的人，身邊環繞著無數美麗的景物；祂讓能領悟眞理的人，擁有許多旅行及觀察的機會；祂讓喜歡美衣的人，著以華服；祂讓愛好美食的人，擁有饗宴。

祂讓這些事情實現，因爲人類享受生活、鑑賞美好事物的同時，神也因此享受與體驗。是「神/無形的存在體」演奏出天籟、高聲歡唱、耽溺美麗、宣揚眞理、穿著華服與品嚐美食。使徒保羅曾這麼說過：「因爲你們立志行事，都是神在你們心裡運行。」（《聖經》〈腓立比書第二章第十三節〉）

爲此，別害怕要求更多，別害怕自己的渴望。

你只要想好自己的目標，並將你的欲求訴與天神。

對大多數人來說，這是很困難的一點，因爲他們從小就被告知、被教育安貧和自我犧牲、奉獻，是一種取悅神的方式。他們或許視貧困爲人生中的一部分、是自然界的必然。在他們的觀念裡，神已經完成了祂的工作，創造出所有祂能創造的，因此大部分的人將該忍受貧苦，因爲世界上並無充足的物資可供使用。他們堅信這個想法，使他們覺得要求財富是件可恥的事情。他們甚至不敢追求過多的物質享受，只求自己可以溫飽就足夠了。

現在，我就來舉個眞實的例子。有個學生，他學到這種必須將所想要的東西清楚地描繪在心中，如此無形的存在體才會經由深刻的銘記，爲他創造出他的需求。他是個窮苦人，住在租來的房子裡，手邊只有當天賺取的薪水，從來沒有多餘的錢，他不敢奢想「只要他想，財富就會是他的」。

經過思考後，他只想要能得到一張新地毯，放在他最好的房間裡，並能有座暖爐，讓他可以在寒冷的天氣裡取暖，他認爲這應該不算過分的要求。之後他便遵照本書指示的方法思考、行事，幾個月內，他得到了他想要的東西。他這才覺得自己應該可以要得更多。

他環顧自己住的房子，計畫屋內一些需要整修的事宜，他在心裡想著要在這裡添增一個小窗台，或在那裡多個小房間，直到他最滿意的房子在他的心中落成；接著他開始想像起室內要搭配的家具。

整個房子的藍圖深深印記在他的腦海裡，他開始以「特定方式」生活，一步步地前往他所要的一切。如今他擁有他理想中的房子，並依循著腦海中的想法改建。他持續著加深自己的信心，他今後將得到更多更好的東西。

他依據信念，得到自己想要的一切。你也擁有這樣的能力，所有人都有。

第七章

心存感激

Gratitude

上一章的例子讓讀者瞭解一個事實：致富的第一步，就是必須將內心的念頭、需要，原原本本地傳遞給宇宙無形的存在體。

這是可信，你會發現為了要做到這一點，就必須讓自己與「無形的思想存在體」建立起一種和諧相容的關係。

由於建立並穩固這種和諧相容的關係是如此的重要，所以我要多用些篇幅來討論這件事，並希望指引你可行的方向。如果你能遵循這些原則，將使得你的心靈和「無形的思想存在體／神」，完美地結合為一體。

這種調節心態的過程絕對需要，我們可以用一句話來概括：心存感激。

首先，你要相信「無形的思想存在體／神」，因為祂，宇宙萬物才得以運行。其次，你要相信「無形的思想存在體／神」會給予你所有你想要的渴望，而且是無窮盡的。第三，你必須懷著深切的感激之情，與「無形的思想存在體／神」建立關係。

許多生活在各個階層，幾乎都沒做錯事的人，卻仍然貧苦，只因他們缺乏感激。他們從「無形的思想存在體／神」獲得禮物，卻忘了好好地感謝上天，以致於切斷了他和

「無形的思想存在體／神」間的連結。

這是個淺顯易懂的道理：我們離財富源頭越近，我們就會越有錢。另一個道理也不難理解：心中充滿感激的靈魂，比那些從不以感激之心看待神的靈魂，能更加親近神。當我們身邊一有好事發生，就必須更堅定地感謝「無形的思想存在體／神」，如此我們就會更快地收到來自「無形的思想存在體／神」更多的好處。道理很簡單：一個人懂得心存感激，會讓自己的心靈與幸福的來源更爲緊密連結。

懂得心存感激，會讓你自己的心靈和宇宙的創造泉源，產生更親密的連結。如果你是第一次聽到這種說法，請務必好好思考，你一定也會同意這個道理。你會得到某些好的結果與你想要的事物，全賴你遵循「特定方式」行事；而「心存感激」讓你的心靈朝著積極面前進，讓你自然而然地用創造思考行事，同時讓你避免掉入競爭的思維中。

心存感激讓你看到事物的全面性，讓你瞭解無形存在體的全能，也讓你跳脫「資源有限」這種錯誤的想法，進而讓你得到你所希望的一切。

這就是**感謝法則**，如果你想得到自己所追尋的事物，就必須遵從這個法則。感謝法則就像是自然定律，你的行動與回饋永遠相等；內心越知道要感激，就能得到越多。

當你完全釋放心中對「宇宙無形存在體」的感激之意，就會產生一股強大的力量，這股力量會觸及你所感謝的對象，祂給予你的回饋也會立即發生在你身上。

「你們親近神，神就必親近你們。」（《聖經》〈雅各書第四章第八節〉）這句話的確是心靈的眞理。

如果你的感激強烈、持續，「無形的存在體」也會反饋你強烈且持續的恩澤；你所需、所想的事物，永遠會朝你而來。耶穌總是抱持著感激的態度，祂幾乎這麼說著：「父啊，我感謝你，因爲你已經聽我。」（《聖經》〈約翰福音第十一章第四十一節〉）若不心存感激，你將缺乏行事的力量，因爲感謝之心讓你和宇宙間的強大力量緊密結合。

然而，心存感激的重點，並非能否在未來取得更多的福祉。一個人若缺乏感謝的心，就無法拋開對事情不滿的心態。

一旦心裡對於自己面對的事情有所不滿，你就失去了自己的準則。你只會把自己的注意力放在普通、平凡、貧困、骯髒與卑劣的事情上，你的心智也會被這些不好的事情所牽制。當你將這些心靈中的形象，轉化印記在「無形的存在體」上後，這些普通、貧困、骯髒與卑劣的一切就會緊跟著你。

允許你的內心進駐低劣的事物，將會使得自己變得低劣，身邊自然也會充斥著低劣的事物。相對地，若你能把注意力放在高尚的事物上，你的身邊就會出現高尚的事物，你也會變成一個高尚的人。

我們心中的宇宙創造力量，讓我們有能力成爲自己所專注的形象，讓我們成爲自己想成爲的那種人。

我們每個人都是一個「思想存在體」，要知道，思想存在體有能力讓自己心中所想的事情成眞。

懂得感激的心靈、總將心智專注在最好的事物上，事情自然而然會朝著我們所想的變成最好。我們的人格會變得高尚，當然也會得到最好的賜予。

我們的信念也是因爲感激而生。懂得感激的心靈總是期待著美好的事物，這種期待變成了一種信念。一個人內心的感激，產生了一個人的信念；每個散發而出的強大感謝力量，更增加了信念的強度。一個心中不知感激的人，絕對無法擁有堅定的信念；缺乏堅定的信念，就不能用創造的方式致富。下面的章節中，我們將會瞭解感激和創造的相關性。

請養成習慣，感謝生命中的一切美好事物，並持續不斷地表達你的感激之意。而你遇到的一切，都對你的人生成長有益，你當然也要感謝你遇到的所有人、事、物。

別浪費時間思考或談論當權者、財團與權貴們的瑕疵與所做的錯事。他們所組成的這個世界，造就你生命裡的機會。沒有他們經營組織，你可能無法得到你現在的一切。

別憤恨對抗貪瀆的政客，如果沒有這些政客，我們將會處於無政府狀態，過於動亂的環境，將使你的機會變得更少。

「神／無形的存在體」花費了許多時間耐心地工作，才使我們這個世界在工業及政治上有如此的發展，祂現在仍繼續地工作著。別懷疑，當這個世界不再需要大企業、大財團、富豪權貴，以及那些程度參差不一的政客時，神將會令這些人消失；但此時此刻，他們仍是我們這個世界所需要的一部分。切記，他們在無形中安排了你所需財富到來的路線，也請對此心懷感激。如此一來，你將能與一切美好的事物建立和諧的關係，每件事的美好之處，也都將跟隨你、依附你。

第八章

以特定方式思考

Thinking in the Certain Way

我們可以回到第六章，再看一次那個年輕人在心中憧憬自己房子的故事，你將會對致富的第一步有更清晰的想法。你必須在腦海中有個清楚確定的圖像，知道你要的是什麼；如果你的心中沒有清楚的圖像，你就不能傳遞出你自己的想法。

你必須先擁有，才能給予。許多人無法將自己所要的事物印記給「無形的思想存在體」，因為他們對自己想要做些什麼、想擁有什麼或想成為什麼樣的人，只有一個模糊不清的概念。

如果你對財富只有一個籠統的渴望，就是可以「過得好一點」，這樣的想法絕對不夠，因為每個人都有這樣的渴望。

如果你的願望是能去旅行增廣見聞，這樣還是不夠明確，因為每個人都有這樣的渴望。當你發電報給朋友時，你不會只照著字母的順序發送，然後再讓你的朋友自己去組合這個訊息；你當然也不會在字典裡隨機找幾個字，你會使用明確的句子，清楚地表達你的想法。當你試著銘記自己的所需在「無形的思想存在體」上時，切記一定要使用條理清晰的說明。你要知道自己需要什麼，並盡可能地清楚說明。若你傳遞的是未成形的渴求與模糊的欲望，你就絕對不會致富，也不能將你的創造力付諸實行。

你必須像那位環顧自己的房子、勾勒心中住所的年輕人一樣，你也要好好地檢視自己的渴望，並在理解自己想要什麼之後，進一步在心中描繪出清楚的心靈圖像。

這幅清晰的心靈圖像必須持續擱放在你的腦海裡，就像水手在心裡必須清楚知道自己所駕的船要在哪個港口靠岸；你要讓自己時時刻刻面對這個心靈圖像，千萬不能喪失心中這個確定的景象，就像舵手不能忽略羅盤上指示的方向一樣。

你不需要爲了讓自己更加專注而多做練習，也無須額外撥出時間祈禱並確立自己的信念，更不必靜坐冥想，或去上超自然的課程。把心靈圖像放在你的心裡就已足夠，你只需要知道自己要些什麼，並且要熱切地需要這件東西，如此一來，這個想法就會逗留在你的思考之中。

在你閒暇之餘，盡可能地沉思並凝視自己心中的圖像，但毋需將所有的心思都放在想要的東西上，因爲只有不是你眞正想要的東西，你才得特別花時間專注；你若眞的想要，自然而然就會想著這件事物。除非你是眞心想致富，你的欲望才夠強烈，你的思考也才會直接放在目標上，就像是羅盤永遠指著磁極的指針一樣；如果做不到這一點，就算你照著這本書教你的方法去做，也達不到最好的效果。

這裡提供的方法，是給那些有強烈致富渴望，並能爲此克服心智上的懶散與喜歡安逸的性情，並能爲此付諸行動的人。你在心中將自己的圖像勾勒得越清楚，越是惦記著這幅圖像，並將它的細節整理得越清楚，你的渴望就會越強烈。你的渴望一旦增強，就能輕易地將你的心智專注在你想要的圖像上。

然而，除了清楚自己心中的圖像之外，你還必須做到其他事。倘若你只是想著自己心中的圖像，你就只是個空想家，你將無力完成個人的成就。在你清晰的目標背後，必須要有強大的決心去實現你的想法，讓你的夢想得以成眞。

在決心的背後，必須要有個無可匹敵、不能動搖的信念。你要相信那件事物一定是你的，它就好比已在手邊，你只要伸手去拿就可以了。

比方你在心中要想著自己已經住在新房子裡了，如此一直想著，直到自己眞正住進新房子內。在你內心的國度裡，以喜樂的心情享受你所要的一切。

耶穌說過：「凡你們禱告祈求的，無論是什麼，只要信是得著的，就必得著。」（《聖經》〈馬可福音第十一章第二十四節〉）想望著你所要的事物，就如同它們隨時在你身邊；想像你已經擁有並能使用它們；想像如果它們眞的是你的，你會如何運用它們。讓你內心的圖像更加清楚、明顯，然後在心裡有一種「我是這些事物的主人」的想法；在你的心中全然地擁有它們，絕對要相信，這些東西都是你的。保持這種「心靈的擁有權」，千萬別輕易放棄這種所有事情都可成眞的信念。

也請你記得，我們在上一個章節裡談到的「心存感激」；當你心中所願成眞時，一定要隨時隨地懷著感恩的心。一個能爲了腦海想要的圖像，而衷心感謝上天的人，才是一個擁有眞正信念的人。擁有眞正信念的人將會致富，因爲他所要的一切都會被創造出來。

你不需要爲了你想要的事物反覆禱告；你不必每天都跟「神／無形的思想存在體」重複這些事。在你向他要求之前，這個偉大的力量早已爲你做好準備。你要做好的本分就是釐清你的渴望，整理好可以讓你的人生壯大所需的一切。然後將這些渴望條理清楚地歸納出來，再將你全部的渴望銘記在「無形的存在體／神」上，告訴祂你要的事物，如此一來，冥冥中將有股力量與意志力會帶來你要的一切。

將你的所求告訴祂，並非經由一大串的詞句，而是要透過清楚的願景，以不可動搖的決心、堅定的信念與祂接觸。

你的祈求是否能有所回應，並非由你語言中所說的信念而定，而是由你身體力行時的信念與毅力決定。

假使你一星期只安排一天安息日告訴神你要些什麼，其他日子心中卻都沒有祂的存在，這樣便無法讓神感到你的真心誠意；同樣的，你每天都安排特別的時間，在隱密的空間裡禱告，但在下個禱告時間來到的這段時間中，你的心中完全沒有這回事，這樣也無法讓神感受到你的信念。

念誦出來的禱告有其好處，也有其影響力，尤其對你本身而言，口語禱告能更加釐清你的願景、心中的圖像，更能加強你的信念。然而並不是口語上的禱告就能讓你得到你所要的一切。想要致富，你並不需要「禱告的好時辰」，你需要的是「持續地禱告」。而我要你知道的是「禱告」這件事，必須要能清楚掌握自己的願景，用決心將心中的創造性化爲眞實的標的物，更要有信念你正在這麼做，而且一定能做到。

相信，就一定能得到。

一旦你清楚地描繪出自己心中所要的景象後，你就要開始準備得到你所要的一切。在你心中有了一個堅定的景象後，你最好能用口頭陳述的方式，向「上天/宇宙間偉大的力量」表示你的感謝，從那個片刻起，你必須在心裡接受你所要求的一切。你住在你心中的新房子裡、穿著好衣服、開著你想要的車、四處旅行遊走，並有信心計畫下一個更棒的旅程。

在想到或談到你所要求的事物時，你要用自己好像已經得到它的口吻來說。想像你所在的環境，你所希望的經濟狀況都如你所願，你就要讓自己彷彿置身在那樣的環境和狀況裡，直到一切都成眞。

然而只用心智去想，你很可能會變成一個空想者或是光有夢想而做不到的人。所以你要保持信念，相信你所想像的一切都會成眞，你要有這樣的決心，去實現自己心中的景象。一定要記得，除了擁有想像力之外，科學家和夢想家兩者間的差別，就在於一個人是否有著信念和決心。

在瞭解了這些事情後，再來我們就要學習如何正確地使用意志力。

第九章

善用你的意志力

How to Use the Will

要以科學的特定方式致富，千萬不要試圖將你的意志力強加在其他的人與事物上。你無權這麼做，將自己的意志力（will）運用在他人身上，只爲了不讓別人做你期望的事，這種行爲是不對的。

透過精神力、心智力量驅使別人，和使用暴力威脅別人聽從你並沒什麼兩樣，這兩種行爲都是錯誤的。如果使用暴力強迫別人爲你做事，是種奴役別人的行爲，那麼利用你的精神力去強迫別人也一樣，唯一不同的只是你用了不同的方法。倘若用肉體力量搶奪別人的東西是種暴徒的行爲，用精神力拿取別人的東西也沒有差別。

你無權將自己的「意志力」行使於他人身上，即使你是「爲他好」也不行；因爲你不知道什麼才是眞的「爲他好」。「致富科學」不允許你用任何方法將任何力量強加在他人身上。你完全沒有必要這麼做，相信我，只要你企圖將自己的力量加諸在他人身上，反而會招致自己的失敗。你也不能將你的意志力強加在事物上，只爲了讓它們成爲你的東西。

這就好像在強迫「神/無形的存在體」一樣，是一種愚昧、徒勞無功也不敬的事。

你不需要強迫上帝賜予你美好的東西，就好像你不需要行使你的意志力讓太陽升起一樣。你不需要使用你的意志力去迎戰無情厄運，或讓那些難以控制的力量聽命於你。

無形的存在體對你是慷慨、仁慈的，祂比你更急著賜予你想要的一切。想要致富，你只需要將意志力運用在自己身上。當你瞭解到自己所想和所爲之時，你就必須行使你的意志力，迫使自己去想並做那些對的事情。這才是想要得到自己所求的合宜做法，務必要讓自己以正確的方式行使意志力。

使用你的意志力，讓你自己用「特定方式」思考、行動。

千萬不可將自己的意志力、想法或心智，投射到其他空間，只爲了讓某些事物或人聽命於你。

把你的意志力好好地放在自己的身、心、靈裡，唯有在你自己的體內，意志力才能發揮得更加完整。

運用你的心智力量，塑造一個你想要的東西的形象，以信念和決心好好保持這個想像；運用你的意志力，務必讓自己的心智走對路、瞄準目標。

你的信念和決心越堅定、持續，你就能越快致富，因爲你只將正面積極的銘記專注在「無形的思想存在體」上。只要你的心中有任何負面消極的思想，你實現夢想的力量就會削減、抵銷。

你心中想望的藍圖，必須以信念和決心堅守，無形的思想存在體就會接收到你的想法，然後將你的渴望滲透到整個宇宙。當你腦海中的銘記四處散播，所有的事物就會聚集只爲了完成這個任務，所有的生物、無生物，甚至是尚未被創造出來的東西將會一起運作，只爲了幫你帶來你心中想要的東西。所有的力量開始朝著相同的方向運行，所有你必備的物質全都朝你而來，而身處各地的人們，他們的心智也都被你的意志力影響，他們會做出許多事情，只爲了實現你的渴望；他們在不知不覺中全爲了你努力工作。

你也可以用負面消極的銘記，停止這一切正面積極帶來的力量。懷疑和不信會將你所想要的強大力量帶離你身邊，正如同信念和決心會將好的開始群聚在你身邊。許多人想運用意志力致富，最後卻遭受失敗，就是因爲他們沒有眞正相信這件事。如果你一直費心在懷疑和恐懼上，你會無時無刻心懷憂慮，你的心靈將被不信任占據，如此一來，

「無形的思想存在體」就會立即棄你而去。承諾成眞，只因爲相信。

既然信念是如此重要，你就有必要嚴加控管自己的思想。由於你的信念和你所觀察、所想的事情有莫大的關係，所以你要更謹慎地處理自己平日所關注的事情。意志力是被你自己所運用，只有你自己能決定要將事情的注意力放在哪裡。

如果你想變得富有，你絕對不能去鑽研關於貧窮的事情。

一再地想著反面的事情，事情就無法得到正果。研究或思考疾病，就不可能擁有健康生活；研究或思考犯罪，正義就不會得以伸張。更別說你想藉由研究或思考貧窮，而得到你想要的財富了。醫學是門研究疾病的學科，因此疾病日益增加；宗教的教義常常提到許多世人的罪，罪惡也因而增生；經濟學是一門研究貧窮的科學，無怪乎世界上到處都是貧窮與匱乏了。

別再討論貧窮，別想深入研究貧窮，更別煩惱自己會不會貧窮。別去管是什麼原因導致貧窮，要記得你和貧窮毫無關係，和你有關的就只有如何讓自己變得富有。

別將自己的時間花費在慈善工作或慈善活動，許多慈善工作可能只會讓世界上的貧苦與不幸持續下去，卻無法根除它們的發生。

我並不是說你必須當個鐵石心腸的人，對別人的需要與請求充耳不聞。我只是要你別再以「傳統」的方式，企圖消除世界上的貧困。把「貧窮」這個想法或任何關於貧窮的事遠遠拋在身後，你只需要秉持正面的想法，相信自己一定可以「做得好」！

讓自己變得富有，就是你幫助貧者的最好方式。

若你的腦海想的都是貧窮這回事，就無法將能幫助你致富的意志力穩穩放在心中。別去讀那些報導貧民生活悲苦，或童工的悲慘生活之類的書籍或文章；別去閱讀任何會讓你的心智充滿貧乏或苦難影像的東西。因爲即便你知道了這些事情，你也無法立即幫助那些窮苦人；廣泛地散播這樣的消息，並不會讓貧窮從世界上消失。

想要消除貧窮的方式，並非將貧窮的意象深植在你的心裡，而是要讓所有的窮苦人，懷有富庶、充裕及希望的景象。你不讓那些苦難貧窮的圖像盤據你的心智，並不代表你將棄這些貧者於不顧。

想要消除貧窮，不能只是讓過得好的人去想貧困這件事情，而是要讓貧困的人，立下決心與信念去追求財富。

貧者並不需要憐憫或施捨，他們需要的是心靈的啓發。憐憫與施捨只能讓他們得到一條麵包，勉強在他們的可憐日子裡塡飽肚子；或給予他們娛樂，讓他們暫時忘卻自己可悲的生活。然而，心靈的啓發卻會帶領貧者從不幸的生活中重生。

如果你眞的想幫助窮人，你就必須向他們證明他們也可以變得富裕，所以你要先讓自己有錢，才能證實你的想法是絕對可行的。唯一能將貧窮從這個世界上消失的方法，就是讓更多人實踐這本書告訴你的致富法則。

大家必須深切地體認：人若想致富要靠是創造而非競爭。用競爭方式致富的人，會扯下讓他自己往上攀升的梯子，不讓其他人跟著爬上來。但以創造力獲取財富的人，卻會開出一條路，讓更多的人得以追隨他，更會激勵後繼者和他做一樣的事。

當你不去憐憫、察看、瞭解、關心、談論或傾聽關於貧窮的一切時，並不代表你就是個鐵石心腸或無情的人。你要運用你的「意志力」將任何關於貧窮的事情從你的腦海摒除，並要持續不斷地堅守信念、決心，專注在你想要的未來與財富之上。

第十章

進一步使用意志力

Further Use of the Will

你如果持續將注意力放在與富裕相反的想法上，也就是你不斷從外界接收，或從內心想著貧窮的影像，你將很難對致富這件事保持清晰且眞實的願景。

如果過去你曾有過財務上的危機，就別再談論這件事，甚至連想也不要想；別再說你的雙親有多貧窮，或者你年幼時的生活有多艱苦。當你這麼做的時候，就是將自己歸爲貧窮的層級，並會讓那些正要發生在你身上的好事卻步。所以請讓過往盡入塵土，別再想那些無益的事了。

請將和貧窮相關的事，全部抛諸腦後。

你已經接收宇宙中的一個正確的理論，也將所有與快樂相關的希望都寄託在這個理論之上，若你又將自己的注意力放在和正確理論有所衝突的理論上時，你又能得到什麼好處呢？

別去讀一些告訴你世界已屆末日的宗教書籍；不要去閱讀揭人醜聞的文章，或那些悲觀的哲學家所說的世界將沉淪的邪惡論調。這個世界不會沉淪邪惡，它將更趨近神，未來將會更美好。

沒錯，現今世界也許有太多事情無法讓人覺得滿意，但它們終究會消逝不見，如果我們過分專注它們，只會延遲它們消逝的速度，讓它們停留在我們的身邊更久。你為什麼要花費時間與精神，在那些會因為人類世界演化，而被逐漸消弭的事物上呢？你可以加速讓那些不好的事物滅跡，只要每個人盡己之力，讓自己成長茁壯，就能讓整體環境改善、進化。

有些國家和地區的狀況的確很可怕，但你若只想著那些狀況，只是浪費自己的時間，也摧毀屬於你自己的機會。請將注意力放在「如何讓世界富有」的想法上。

想一想世界將會變得如何富庶，而不要往世界會越來越貧乏的方向想。我們也要謹記，幫助世界變得更為富庶的方式，就是你自己要能經由創造而非競爭方式變得富裕。

把注意力完全放在「致富」一事上，別去思索貧窮。當你想到或談到一些貧苦人時，請用「他們正漸漸變得富有」的思維去想或談論他們，把他們視為應當祝賀的人，而非需要我們憐憫的人。受到如此的對待，他們就會受到激勵與鼓舞，並為自己找到一條康莊大道。

我所說的「將所有的時間、心靈與思想放在致富這件事情上」，並不表示我認爲人要變得自私或小氣。「成爲一個眞正富有的人」是你應該保有的最崇高的人生目標，因爲這個目標更包括了其他的一切良善。

在競爭的世界裡求取財富，人們可能會使用不人性的方法，搶奪他人的權力以求致富；但當我們擁有創造性的觀點時，所有的一切將會迥然不同。

所有偉大的行爲、靈魂開展與崇高的奉獻、努力，都可能會在追求財富的過程中發生，所有的一切變得可能，因爲我們擁有隨心使用的物品，這讓我們有機會爲世界盡一分力量。雖然金錢買不到健康，但倘若你的身體狀況不好，也只有財富能讓你接受更好的治療，才能在某種程度上維持自己的身體健康。

唯有金錢無虞的人，才有辦法過得無憂無慮；生活衛生條件良好的人，才能擁有健康的人生。

只有在不是競爭的環境下，才有可能衍生偉大的道德與心靈；也只有靠著自己的創造力追求財富的人，才能不受競爭的卑劣環境所影響。如果你的內心嚮往眞正的快樂，別忘了「愛」在美好的環境、高尚的思想、自由和遠離墮落的狀況下，才能最爲燦爛。那些美好唯有在富庶的生活裡才能存在，在實現創造思想的地方才能得到，而非衝突與競爭的世界。

我再重複一次，一個人除非富有，他才能將自己的眼光與目標放在偉大與崇高的情操上。我們必須將注意力專注在對財富的心靈圖像上，並且避免去接觸、思考那些可能造成你的遠景模糊、失焦的事物上。

你必須學會如何看清所有事物的眞相。你要在那些看似錯誤，實際上卻是「宇宙無形存在體/神」企圖讓你的人生更完整、更美滿的方法裡，找到一個確定的眞理。而這個眞理就是：世界上沒有貧窮，只有富庶。

有些人的生活仍然艱苦，因爲他們並不相信這個世界上有一份屬於他們的財富；藉由你自己親身的體驗與實踐，你可以影響並讓他們知道，這是個可以相信的眞理。還有些人之所以貧窮，是因爲他們雖然知道人生必有出路，但他們卻不肯花時間思考，好好地找出自己的路並勇往直前。想要激勵這些人，最好的方法就是展現你得到財富後的幸福與快樂，喚起他們對自己的生命努力與負責的欲望。

另外一些人會窮苦，是因爲他們雖然對「致富科學」小有概念，卻在眾說紛紜的理論與觀點中迷失自己的信念，導致他們不知該選擇哪一條路行走。他們試著將各種理論融合使用，卻反而失敗一無所得。同樣的，對這些人你必須展現自己努力實現的結果，告訴他們再多的理論，遠不如專心一致地實踐「致富科學」。

你能爲這個世界做出的最大貢獻，就是徹底實現你自己的夢想，讓自己的生命更完整。想爲神、爲全體人類服務，最有效率的方式就是「致富」，但你必須要以創造而非競爭的方式得到財富。

另外，我們要堅持這本書對「致富科學」的原則提出了最詳盡的說明。如果這個陳述是對的，你就不需要再去閱讀其他關於如何致富的相關書籍。這句話聽起來似乎眼光狹隘並過於自負，但仔細想想，在數學基礎中，除了加、減、乘、除，沒有其他的計算方式。兩個點之間只有一條最短的線，只有一個方法才能以科學方式致富，就是以最直接、簡單的方式思考，達到你自己的目標。目前爲止，還沒有人可以提出一個比本書中更簡單、更容易明瞭的「致富系統」，這套系統已經爲你去除了一些枝微末節。所以當你運用這套系統時，請將其他理論摒棄於一旁，將它們全部從你的腦中刪除。

請每天讀這本書，並隨身攜帶這本書，最好能將書中內容背起來，然後別再想其他的致富系統和理論了。如果你總是三心二意，你就會心生懷疑，你的思想將會不確定、有所動搖，如此一來就會招致失敗。

當你達到自己的目標、變得富有時，你自然可以隨心所欲地去看其他的致富系統與理論，但若你確信自己還沒得到心中想要的東西時，除了我在前言曾提過的哲學書籍外，千萬別去看本書以外的哲學思想或致富理論。

除此之外，請讓自己閱讀正面積極的報導與文章，讓你心中的心靈圖像可與之和諧一致，發揮最強大的力量。切記不要沉溺於怪力亂神、通靈之類的迷信思想中。死去的人或許在你心中仍栩栩如生，與你的距離依然如此親近，但即使如此，還是讓他們享有應得的平靜吧！做好你自己該做的事情就好。

無論死者的靈魂通往何方，他們也都有著自己的歸屬與職責，有著自己要去處理的事情，我們沒有權力去打擾他們。人鬼殊途，我們沒有能力幫助他們，他們是否可以幫助我們也值得存疑；就算他們可以幫助我們，我們也沒有權力強取他們的時間。讓逝去的人與死後的世界歸於自己的平靜，請用自己的力量解決自己的問題，讓自己富有。一旦你的思考被那些超自然的迷信混淆，你的心中就會出現與你信念相反的意見，導致你的希望完全破滅。

現在，讓我們將前面章節的重點整理如下：

★宇宙萬物都由一種「思想存在體」所衍生、創造，這種「本原／思想存在體」的原來狀態，彌漫、穿透並充滿整個宇宙空間。

★這個無形存在體中的任一個思想，都會形塑成真。

★人類可在腦海描繪新的事物，並將自己的思想**銘刻**於冥冥中的宇宙無形存在體上，就能將空想的事物一一創造出來。

★要做到上述這一點，人必須將心中狹隘的競爭思想轉換成寬廣的創造思想；將自己心中想要的事物清晰地描繪出來，並以不變的「決心」鞏固心中想要的景象，再以堅定的「信念」完成它。讓心靈拒絕所有會動搖你的決心、模糊你的願景，以及冷卻你的信念的一切。

接著，讓我們一起來瞭解個人該如何以「特定方式」生活與行動。

第十一章

以特定方式行動

Acting in the Certain Way

思想就是一種創造力量，也可以說是一種讓創造力實現的驅動力。一個人若能以「特定方式」思考，就能爲自己帶來財富。然而光靠想法是不夠的，重要的是要能付諸行動。許多人之所以失敗，即是因爲不能將自己的想法與行動相互結合。

我們人類尚未達到不需經過自然程序或以雙手工作，就能直接從「無形的思想存在體」中得到自己所需的程度。因此，人不能只是空想，而必須要以行動支持自己的想法。

經由思想，你可以讓山中的黃金礦脈朝你而來，但這些礦脈卻不會自己走向你，不會自己提煉，也不會自己鑄造爲金幣，最後再主動地跑到你的口袋裡。但宇宙間偉大的那股力量，卻會驅使一切成眞；祂會安排某些人上山爲你採礦，還有些人會經由某些交易爲你帶來這些黃金；你自己也要做好接受的準備，如此，當財富迎向你時，你才有能力得到你想要的一切。你的思想讓一切有機與無機的事物爲你運作，爲你帶來財富。然而當你所求的一切靠近你時，你是否能順利獲得，就得取決於你自己的行動了。你不能以被施捨的態度或竊取的行爲取得你想要的東西，你必須給予對方他所需要的，最好是能物超所值的價值。

請依照本書所提出的科學方法，持續讓你心中想要的一切，清楚明確地現形。立即下定決心得到你想要的一切，並以偉大的信念實現你心裡的想法。

別將自己的思想放在任何無關緊要的迷信上，以為那些行為或事情可以幫助你不費吹灰之力完成願望，那些都是白費力氣的作爲，反倒會削減你的正面思考力量。

如何讓自己「致富」這件事，我們在前面章節已經全然解釋清楚了，你的信念和決心必須積極地將你的願景銘記在「無形的思想存在體」上，這個偉大的力量比你更迫切地想實現自我，祂從你的身上得到你對未來的願景，並爲你準備好創造的力量，讓一切存在這個世界的管道爲你工作。

指引或監視這個創造過程並非你的職責，你只要做好自己分內的工作，釐清自己心中所要的圖像，堅定自己的決心，保持自己的信念，並時時刻刻心存感激即可。

然而你也必須以「特定方式」行動，如此一來，當你所要的事物來到你的身旁時，你才知道該如何正確地接受它，你才能得到你心中嚮往的事物，並將它放在正確的位置。而你想得到什麼，就一定要用他人渴望的事物交換。你的這本隨身寶典並不是隨時裝滿錢財供你花用的幸運錢包，爲了要得到財富，你自己也要有所努力。

「致富科學」中有一個重要關鍵：思想必須與個人行動相互結合。大部分的人雖然在有意與無意間，將他們內心堅持的渴望以創造能力付諸實現，但他們卻仍然貧困，就是因爲當財富來臨時，他們並沒有準備好如何去接受它。

你必須以堅定的思想，將你想要的一切召喚到你的身邊，同時你也要以行動做好接受財富的準備。

無論你要採取哪些行動，最重要的是，你必須「當下」就展開行動。你無法在「過去」行動，追溯你以前的行爲，爲了讓你腦海中的景象更爲清楚，你甚至可以刪除一些不必要的過去；你也不能在「未來」行動，只因未來尚未到來，你無法預言當未來遇到任何偶發事件時，自己將會採取何種行動。

別因爲現在身處不當的行業或環境，你就延遲自己的行動力，想等到自己得到適合的職業或環境時，再開始你的致富計畫。別浪費時間擔憂當未來發生意外事件時該如何處理。你要相信自己在遇到任何偶發事情時，絕對有能力讓事情迎刃而解。如果你現在花費心思想著未來可能發生的事，你就無法做好眼前的工作，更無法收到最好的成果。因此，**請將全部的心思專注在現在的行動上。**

不能只是將自己的創造動力傳遞給「無形的思想存在體」後，就什麼也不做的在原地等待結果；如果你是用這樣的態度面對事情，你將永遠不會成功。立即採取行動吧！「現在」就是最好的行動時機。倘若你想爲自己即將獲得的事物做好準備，請從這一刻開始做起。

無論你要採取何種行動，都要和你現在從事的行業、工作相關，也要和你現在所處環境裡的人與事有關聯。你不能在和你現在無關的地方行動，你不能回到過去行動，你也無法到未來行動，**你只能在當下、在你所在的地方行動。**

別再去懊悔昨天的工作做得不好，只要想著把今天的工作做好。也別試著現在就去完成明天的工作，明天該做好的事，明天自然會有充足的時間讓你做好。

別試著用怪力亂神或迷信的方法去影響一些你無法接觸的人或事。別等著你身處的環境有所轉變才開始行動，你要用你自己的行動，改變你的環境。

堅定你的信念與決心，保持你心中對更好的環境的渴望；用你所有的心思、力量及心智，在你現在的環境裡行動、做出改變。

別浪費時間做白日夢或建造空中樓閣，把握你的信念並「立刻」起身力行。

你無須去尋找新奇、陌生、特別或企圖一鳴驚人的方法，做爲你致富行動的第一步。可能你現在所採取的行動，是你過去曾經做過的，然而你從現在起要以「特定方式」去做這些事情，一旦你下定決心並認眞去做，事情就會改變，你也會因此有所獲得。

如果你覺得現在從事的工作並不適合你，別等到你找到適合自己的工作時，才開始有所行動。別因爲自己身處不適合的環境，就失去勇氣、受挫嘆氣。沒有人會因爲一時環境的不適合，就永遠找不到對的路。同樣的，即使一時身陷不適合自己的行業，終究還是會找到讓自己得心應手的行業。

一旦找到適合自己的行業，就必須穩固自己對未來的願景，用決心做好它，用信念讓它發光發亮，最後你就會做得有聲有色；同樣的，你也可以用這樣的態度去面對你現在的工作。你現在的工作是爲了找到更好工作的跳板；你現在的環境是前進到一個更好環境的過渡期。只要你用決心與信念，堅定地去思索適合自己的工作願景，那股「無形的存在力量」就一定會讓你得到那份工作，而你若能用「特定方式」行動，就能牽引自己得到那份工作。

你若是領薪階級的雇員，卻體認自己必須改變目前的身分，才能得到自己想要的東西，千萬別將你的想法投於虛空，想依賴無形的力量爲你找到另一份工作，那是不可能的事，你必須以決心與信念，做好自己分內的工作，如此一來才有機會得到你自己想要的工作。

你的願景和信念會驅動你的創造力，讓它與你更加接近；而你的行動力則會讓你現在環境中的強大力量，帶領你到另一個你所嚮往的地方。在本章的最後，讓我們複述之前的摘要，並加註另一段內容：

★宇宙萬物都由一種「思想存在體」所衍生、創造，這種「本原／思想存在體」的原來狀態，彌漫、穿透並充滿整個宇宙空間。

★這個無形存在體中的任一個思想，都會形塑成真。

★人類可在腦海描繪新的事物，並將自己的思想**銘刻**於冥冥中的宇宙無形存在體上，就能將空想的事物一一創造出來。

★要做到上述這一點，人必須將心中狹隘的競爭思想轉換成寬廣的創造思想；將自己心中想要的事物清晰地描繪出來，並以不變的「決心」鞏固心中想要的景象，再以堅定的「信念」完成它。讓心靈拒絕所有會動搖你的決心、模糊你的願景，以及冷卻你信念的一切。

★人必須在「當下」對自己所處環境裡的人、事、物採取行動，如此一來，當心中所求的事物來臨時，他才有能力可以接受。

第十二章

有效率的行動

Efficient Action

你必須按照前面章節所指出的內容，運用你的思想，並開始去做你現在可以立即做的事。你必須盡力去做現在「所有」你可以做好的事。

只有讓自己做到比現在職責更寬、更廣的事，你才能提升自己的生命與生活。一個連自己現在的工作都無法完成的人，絕對沒有能力做到他目前工作範圍以外的事。這個世界之所以不斷地進步，是因爲有那些不斷超越自我能力的人。

如果每個人都不能做好自己該做的事，世界上的所有事物都將退步。那些無法盡到自己職責的人，對整體社會、政府、經濟和企業的發展都是一種累贅，而其他人也必須付出代價，才能夠照顧他們的生活。世界的發展會爲了這些無法盡到自己職責的人而退步。他們沒有動力、沒有貢獻，最後更可能因此被淘汰。如果每個人都不能盡己所能，這個社會就不會進步；社會的進化是由全體人員的身、心進化程度所決定。

在動物的世界裡，進化來自於生命的超越。當一個生命體所需要的功能已經超過自身可提供時，它將會發展出更高層次的機能或器官，一種新的物種因此誕生。

如果沒有那些超越自己生命層次的有機體存在，就不會有新的物種產生，這個法則對你而言也是一樣的；若想致富，你就必須將這個原則運用在自己身上。你必須做好自己份內的事，甚至嘗試得更多、做得更多，如此你的生命才會有另一番不同的景象。

我們的每一天，要不是過得成功就是過得失敗，然而卻只有成功的一天才會讓你得到自己所要的東西。如果你的每一天都過得不好、失敗，你就永遠無法致富；同樣的，如果你的每一天都過得成功，你就算不想致富也難。假如你今天應該完成某件事，你卻沒有完成，對處理這件事來說，你是失敗的，而這件事所導致的後果，可能會比你想像的更爲嚴重。

你或許無法在一些生活瑣事上，預見每件事的結果；也或許想都想不到，**你的生活態度，將會影響許多力量的運作**。很多事情之所以發生，都是因爲你的小小動作所引起，這個小動作或許就是一扇讓你通往無限可能性、獲取成功機會的大門。「偉大的思想存在體」如何經由人、事、物的相互結合，爲我們人類做好安排，這是我們所無法瞭解的，或許你一個小小的疏失與不在乎，便延遲了你原本能夠獲得所想事物的時間。

行動！每一天都要行動！把你當天可以做好的事情全部完成。

然而上面這句話，還有個需要規範的地方。別讓自己過度工作，也不要讓自己盲目地投入工作，期望自己在最短的時間內，完成最多的工作量。你不必在今天就把明天的工作做好，當然也不必只用一天的時間，就完成一整個星期的工作。

重點不在於你完成了多少工作，而是你做每件事的效率。

我們所做的每個行動，不是成功就是失敗；我們所做的每個行動，不是有效率就是缺乏效率。每個缺乏效率的行動，就是失敗的行動；如果你將生命花費在做一些缺乏效率的工作上，你的人生就不可能成功。缺乏效率的事情做得越多，你的狀況就會越糟。

反之，每個有效率的行動，就是成功的小動作，所以只要你生命中的所有行動都是有效率的，你的人生就必定會是成功的。

失敗的原因在於，你用缺乏效率的方式，做了太多事，卻無法用有效率的方式，做好大部分的事。

我們可以在你身上驗證這個說法，如果你不做缺乏效率的事，而能多做許多有效率的事，你就會變得富有。從現在開始，盡可能地讓自己從事有效率的行爲，你將證明「致富」這件事可以簡約成像數學一樣精準的科學。

如此一來，我們就要將問題轉到「如何讓每個行動成功、有效率」。這件事是你絕對可以做到的。

你能成功地做好每個行動，因爲宇宙間所有的力量——亦即那個「無形的思想存在體」，會陪著你齊心協力地做好工作，而那個偉大的力量是不會失敗的。力量隨侍在你左右，只要你將力量傾注在每個行動上，你的每個行動就會變得更有效率。

每個行動的力量有強有弱。當每個人都用全力以赴的態度做好自己的工作時，代表這就是個能讓你致富的「特定方式」。當你胸懷願景去做事時，每件事情都會變得強而有效率，當然，你也要用所有的決心與信念去完成它。

這就是爲什麼那些將心靈力量與個人行動區隔的人，終將導致失敗：這些人只在一個特定的時間與地點運用他們的心靈力量，但在另一個地點與時間，他們卻只像具行屍走肉般地行動。他們的行動是絕對不會成功的，因爲這些行動絕大部分都缺乏效率。

如果每個行動都能盡己之力，即使是毫不起眼的小地方也不馬虎，那麼每件事、每個行動都會是成功的。自然地，每個成功的行動都會爲你開啓通往其他成功的康莊大道；你會走在通往自己渴望的人生坦途上，而那些你想要的東西也會與你更加親近，你致富、成功之時也就指日可待了。

請記住，成功的行動是有累計性，並會影響到事情的結果。既然渴望生命更趨完整是一種生物的天性，那麼當一個人想要前往一個更美好的人生境界時，許多事情自然會來歸附他；如此，個人對事物的渴望，就會影響他自己的人生所得與方向。

每天都要有所行動，盡力完成自己當天可以完成的事，並用有效率的方式做好所有的行動。

採取每個行動時，即使那個行動是生活中最普通的一個舉動，心中都要存有願景。但這並非是說你在做一些枝微末節的芝麻小事時，都要清楚地看見自己心中想要的景象；你只需在空閒時發揮想像力，釐清心中願景的細節，並透過對自己內在的省視，將這個願景及所有細節，深深烙印在你的腦海中。如果你想要快速得到結果，可以將所有的閒暇時間都拿來做這個練習。

透過不斷地冥想與省視，你就可以得到自己心中最明確的景象與願景，哪怕是一些小環節，你也能一清二楚。將你所要的生命圖像全然烙印在自己的心裡，並且銘記在「無形的思想存在體上」；因此在你工作的時候，只需參考你心中的景象，藉此刺激、鞭策你的決心與信念，你就能發揮最大的努力，得到最好的成果。在你閒暇之餘省思，直到你所有的意識中都充滿你的願景，而你也能隨時在腦海中擷取它。你心中對光明願景的渴望會讓你充滿熱情，只要腦海中一直存在這樣的想法，就能喚醒你體內那股最大的力量。

讓我們再次複述我們的重點，並依照我們現在的進度略做修正。

★宇宙萬物都由一種「思想存在體」所衍生、創造，這種「本原/思想存在體」的原來狀態，瀰漫、穿透並充滿整個宇宙空間。

★這個無形存在體中的任一個思想，都會形塑成眞。

★人類可在腦海描繪新的事物，並將自己的思想**銘刻**於冥冥中的宇宙無形存在體上，就能將空想的事物一一創造出來。

★要做到上述這一點，人必須將心中狹隘的競爭思想轉換成寬廣的創造思想；將自己心中想要的事物清晰地描繪出來，並以「信念」和「決心」完成每天要做的事，同時要用最有效率的方式做好它。

第十三章

從事適合自己的行業

Getting into the Right Business

想要在任何行業中成功，就一定要全方位精熟、發展與那個行業相關的技能。

沒有良好的音樂技能，就無法勝任當個音樂老師；對機械沒有全面性的瞭解與技能，無論是誰都無法在機械的領域有所成就；沒有圓滑的態度與商業能力，誰都不能在商場上大放異彩。然而，光是擁有精熟的專業能力，也無法確保一個人就能致富。

有些音樂家擁有卓越的才能，卻一生貧苦；有些鐵匠與木匠，擁有高超的製物技術，卻無法致富；有些商人有著與人爲善、善於溝通的能力，做生意時卻總是不順利。

這些不同的技巧與才能，都是一個人做事的工具；工欲善其事，必先利其器。擁有良好的工具固然重要，但別忘了，一定要以「正確的方式」使用工具。有的人利用一把鋒利的鋸子、一把直角尺和刨刀，就能做出精美的家具；其他人即使用了相同的工具想做出同樣的作品，做工卻是拙劣、粗糙。原因就在於，後者並不懂得如何以正確的方式，使用手邊的好工具。

你心智中擁有的各項技能，就是讓你足以致富的工具。如果你的心智中已完整具備你所從事的行業所需要的技巧與才能，那麼你的成功之路就會容易許多。

總括來說，能讓你的技能強項得到發揮的工作，就是你最適合的行業，也就是你天生就是吃那一行飯的。但這句話也有我們需要注意的地方，一個人不該因爲己身的天賦，就狹隘地侷限自己要從事的行業。

你能在各行各業中追求財富、得到成功，假使你本身缺乏從事某種行業的技能，你只要認眞地培養就可以了；也就是說，你可以一面工作一面養成你的工具、工作技能，而非全憑你與生俱來的能力。

無疑地，你將能輕易勝任某些你已經具備精熟技巧與能力的工作，話雖如此，你也能勝任其他工作，因爲你可以發展自己未知的其他才能。你的身體裡，必定擁有其他的才能，只是尚未被發掘出來。

若你從事的是自己擅長、有天分的工作，你或許不用付出太多的努力就可以致富；然而，如果你做的是你眞正想去做的事、想從事的行業，你在得到財富時將會更加心滿意足。

做自己想做的事，才是眞正值得驕傲的人生；反之，倘若我們被迫去做自己不喜歡做的事，無法參與自己想做的事，這樣的生活將不會有眞正的成就感。你要相信自己絕對可以做自己想做的事，你想做這些事的渴望，就是一種你一定有能力可以做到的證明。**渴望就是力量的表現**。

對彈奏音樂的渴望，就是一種你能彈奏並能因此得到表現的力量；想發明各種機械裝置的渴望，就是你對機械的天分，想充分得到表現與發展。

一個人如果沒有做某件事的能力，無論這種能力是已開發或未開發，他都不會有欲望想去做這件事。相反的，只要你是強烈渴望去做某件事，就代表了你有足夠的力量去做這件事，你只需要將力量、能力，以「正確的方式」發展出來、運用出來。

如果其他就業條件都相等時，你最好選擇最能發揮自我天賦的工作；然而，若你對某種工作產生強烈的欲望時，你就該把這個工作當成是你最終的目標。

你可以做自己想做的事，這是你的權利，也是老天給你的恩典，讓你得以從事和自己意氣相投，也讓自己心情最愉悅的行業與工作。

你沒有義務，當然也不必要去做自己不喜歡的工作，除非這個工作是個跳板，可以讓你爲此謀得自己眞正想做的工作，否則你根本不必要去做它。

過去的錯誤決定或選擇，若導致你進入了自己不喜歡的行業與環境，你也有責任要將你不喜歡的工作告一個段落；但請用愉快的態度做事，並換個角度想，目前的這份工作有可能帶領你找到自己想做的事，並對未來有幫助。

如果你覺得自己入錯了行，做了不適合自己的工作，先別急著要換工作。一般來說，換工作或環境的最好方式，就是先讓自己成長。

如果機會就在眼前，在你謹愼思考後，認爲是個好機會，請別害怕做出突然與急遽的改變；但如果你的心中充滿懷疑，害怕此舉並非明智時，就請你千萬不要莽撞行事。

在創造思維的世界裡，你不用操之過急，因爲機會永遠都不缺。

當你擺脫了競爭思維，你就能深切地瞭解自己並不需要倉促行事。沒有人會和你搶奪機會，因爲永遠都有足夠的機會等著大家。如果一個空缺被塡補了，將來一定會有另一個，甚至是更好的位置爲你而設。時間足夠，無須著急；你若心有疑問，就先等著。

回頭省視自己心中的願景，繼續加強你的決心與信念；倘若心中充滿懷疑與不確定感，請用所有的方式保持感激的心與平靜，直到自己能夠確定。

花一、兩天的時間省視你心中所求的願景，並用最虔誠的心感謝自己將得到它，如此會讓你與「宇宙的無形力量」產生深刻的親密關係，並助你做出正確的決定。

宇宙間有個全知全能的強大心靈，如果能有深切的感激之心，就能用決心與信念，將你的心靈與宇宙心靈合而爲一，讓你的生命更加提升。

錯誤往往來自於倉促的決定、來自於懷疑與恐懼，或者來自於喪失正確的動機。秉持正確的動機，將令你的生命完整，不受損失。

當你以「特定方式」行事時，你身邊的機會就會越來越多，你將更需要堅定自己的「決心」和「信念」，更要以虔誠的感激之心，讓你與強大的宇宙心靈保持接觸。每天都盡可能地以完美的方式做好自己份內的事，但行事時切記不要匆促、憂慮與害怕。要讓自己快步前進，但千萬別著急。

請記得，當你開始慌亂急促的那一刻起，你就不再是個創造者，而變成一個競爭者了。你將讓自己陷入舊有的競爭窠臼之中。

一旦發覺自己過於慌亂、匆忙，請對自己喊聲「暫停」，調整自己的腳步，將自己的注意力再次專注於對未來的渴望，並請深深地感謝自己已經獲得、與未來即將獲得的一切。

表達自己的感謝，可以強化你的信念並貫徹你的決心。

第十四章

給人不斷提升自我的印象

The Impression of Increase

無論你是否要更換工作，你現階段的行動還是要和你目前從事的職務相關。

藉由好好經營你現在已經小有基礎的工作，才能得以進入你以後想要從事的工作；當然每天以「特定方式」做好你的例行公事也是很重要的。你的工作若需要持續與人聯繫，無論是私人往來或是信件往來，你都要將自己積極努力的核心思想，盡可能地傳遞到每個人的心裡，讓他們對你有「積極進取」、「不斷提升自我」的印象。

「不斷提升自我」是所有人都想追求的。這是存在於每個人體內的無形智慧體的強烈欲望，因為祂要我們的人生有更完整的表現。「自我提升」的渴望，是所有生物與生俱來的，這個渴望也是推動全宇宙前進的基礎。我們人類的所有行為，都基於「不斷提升」這個前提上；人們追求更多的衣食、更好的庇護之處、更多的奢侈品、更多的美好事物與知識、更多的喜悅——好比你提升某件事物，尋找更多生命的價值。

所有的生物都有不斷進步、進化的必要，一旦生命停止了自我提升與超越，滅絕與死亡也將到來。

人類本能地瞭解到這一點，因此會不停地尋找更好的生活方式。耶穌也曾透過對才能的比喻，告訴我們這條關於永續提升、自我成長的金科玉律，他這麼說：「因為凡有的，還要加給他，叫他有餘；沒有的，連他所有的，也要奪過來。」

渴望增加財富並不是一件邪惡或應該受到指責的事，這是希望生命更加豐盈的渴望，這是足以振奮人心的事。也由於這是天性裡最深層的本能，因此所有人都會被能提升自己生命各層面的人所吸引。

如果你能照著本書前面所提到的「特定方式」行動，你就能不斷地提升自己的生命，同時也會影響那些和你有所接觸的人。你將成為創造中心，經由你，許多生命與事物都能更加完整。

你要相信這個觀點，並將這個事實與信心帶給每個與你接觸的人。無論交易的金額多小，即使你只是賣一根棒棒糖給一個小孩，在這個交易過程中，都要加注你對生命積極進取的想法，並確定對方也能感應到你的信念。

在你所做的每件事裡，傳遞出「積極、提升」的印象，如此一來，人們就會產生你是一個「積極進取的人」的觀感，你的精神也將影響並昇華其他與你有所接觸的人。即使是在與自己利益、生意無關場合所遇到的人，也要將「提升生命」這個價值印象傳遞給他們。

你能用「我正在讓自己更好的過程中」的身體力行，以無法動搖的信念，直接向眾人傳遞這個印象。持續地讓這個信念鼓舞你，並充滿你的全身，將它傳導在所有的行動之中。

在做每件事的同時，你都要確信自己是個「積極進取、不斷提升自我」的人，如此你就能將這股動力傳染給所有人。

你感覺你即將越來越富有，於此同時，你也將讓其他人富有，讓這個世界的一切變得更好。別誇耀、吹噓自己的成就，或在不需要的時候談論這些事；你要知道，真正的信念無須吹噓。

你會發現那些喜歡自誇炫耀的人，心裡常常充滿了懷疑和畏懼。你只要去感覺你的信念，並在與每個人的接觸中發揮它的能量，讓你的所有行動、語調與表情顯示出一種謙虛的「我將富有」的確定感，如此一來，你便已經富有。傳達你內心的感覺給其他人知道時，「語言和文字」並非必須的；當你自身散發、表現出來你是「正向、進取」的，別人就會接受到這樣的感受，並一再地被你所吸引。

你必須讓別人深深感受和你在一起時，無論是私下相處或做生意時，都能夠有所收穫並得到自我提升。你帶給他們的，遠超過他們給你的，若以商業交易而言，即是你給予對方的東西，遠超過他們付出的實質金錢。

自豪且誠懇地這麼做吧！讓所有人都能感受到你的誠意，如此一來，你將廣結善緣，不必煩惱缺乏朋友、沒有顧客。人們會往自己能夠有所提升、獲得好處的地方聚集過去，而宇宙間那股希望提升所有生命的「無形存在力量」，會讓那些從未聽過你的人們，依循一種未知的力量主動親近你。你的事業會迅速成長，而你也會驚訝那些從來未曾預期的收穫是如此豐盛。如此日復一日，你的事業將越來越大，獲得更多的利潤；如果你有意願轉換工作，也必定會置身於自己喜歡並如魚得水的行業中。

而在做所有事的同時，別失去你心中渴望的願景，更不能失去你要得到心中願景所必備的決心與信念。

在此我也要給你一個關於心中「動機」的忠告。千萬要注意，別讓自己的內心衍生想操控他人的壞念頭。

只有缺乏心智能力及心智不成熟的人，才會把操弄別人或控制別人當成是種樂趣。爲了一己之私與自我滿足感去控管、支配別人的慾念，遂成了這個世界的禍根。多少過往的君王領主爲了擴張他們的版圖，發動戰役，犧牲他人，任憑鮮血噴灑大地；此舉並非爲了讓人民獲得更好的生活，卻是想讓自己得到更多的權力。

今日工商業社會中的主要動機也是一樣的，很多人用金錢當做武器，傷害難以計數的生命與心靈，如此瘋狂的行爲同樣爲了要得到控制他人的力量。這些商業鉅子和古代的君王並無兩樣，他們盲目地被權力欲望所驅策。

千萬要小心以下這些誘惑：追逐權力、想成爲「大師」、希望被認爲是「龍頭老大」，或者只爲了讓人留下深刻印象而過度揮霍。

想凌駕他人的心態就是一種競爭心理，想用競爭的心態做事，就會缺乏創造力。要掌控自己的環境和命運，根本不需要靠著控制他人來完成。事實上，當你落入要角逐最高地位這樣的狀況時，你就被自己的命運及環境征服了，這時想致富就必須得看機會或靠運氣了。

別讓自己落入競爭的思考模式中！發表「黃金法則」的前托利多市市長瓊斯（Jones）先生所說的「我自己想要的，也要大家都擁有」這句話，無疑地對創造思維的偉大，做出了最佳的說明。

第十五章

做個積極進取的人

The Advancing Man

我在前一章提過的內容，無論針對專業人士、受薪階級或商業銷售任何行業的人都適用。

無論你是醫生、老師、神職人員……，或任何行業，如果你能提升他人的生命，並讓他們感覺到你存在的重要，他們就會被你所吸引，你的生命就會因此而富有。擁有「立志成為偉大成功醫者」如此願景的醫生，會以信念與決心為工作全力以赴，以期全然實現夢想。就如同前面一章所說的，這樣的人能與生命泉源緊密連結，達到成功的境界，患者將蜂擁而至尋求醫治。

醫護人員可說是有最多機會實踐本書所提內容的職業，無論分屬眾多學派中的哪個支流，因為大部分的醫療基礎原則都是相同的，要達成的目標也是一樣的——都是為了醫治病人。在醫界，一個「積極進取」的人，他會在心中懷著正面成功的影像，遵從我們提到的信念、決心及感激法則，他會盡全力用所有的方法治癒他遇到的每位病患。

在宗教信仰的領域裡，這世界上的人們都期盼先知、上師等神職人員，能告訴他們「讓生命更豐盈圓滿的方法」。一個能掌握「致富科學」細節的人，他若同時知道「活得好」、「活得成功」與「擁有愛」的方式，並能將他所知道的一切教導他人，與他人分享，他將永遠不乏追隨者。這些都是這個世界所需要、能提升生命的福音，聞道者將得喜樂，並會盡其全力支持那個帶給他們這些眞知灼見的人。

現在人們最需要的就是有人能親身示範，證實這些生命法則的價值與存在。我們不只需要講師告訴我們如何去做，他們自己就是活生生的例子，向我們親身示範如何做到。我們需要自身生命豐碩的導師，他不但要富有、健康、偉大，更要令人愛戴，他要能教導我們如何得到這一切。這樣的心靈導師一旦出現，必能擁有無數忠實的追隨者。

從事教職的人也是一樣；一位老師若能以自身對生命積極進取的信念與決心，激勵他所教導的學生，他將永遠不會失職，並能受到學生的敬崇。每一個對生命有熱忱、信心與毅力的老師，只要這些思想已然成爲他生命的一部分與經歷，他將自然而然地將自身的精神傳承給他的學生。

上面所說的內容不但適用於醫護人員、神職人員、老師，同樣適用於律師、牙醫、房地產經紀人和保險代理人等各種職業。

我所提到「要將心靈與個人行動相互結合」的理論是絕對正確的。每個持續恪守這些指示的人，終將獲得財富。提升生命、使生命富有的法則，就如同萬有引力定律一樣，是如此精準且確定；因此，「致富」的確是一門精確的科學，絕對有法可循。

這些觀念同樣適用於受薪階級。千萬別因爲工作環境缺乏明確的出人頭地與改善生活的機會——薪水微薄但生活開銷卻很大，因而認爲自己絕無機會致富。在你心中奠立一個清楚的心靈願景，想著自己所要爲何，並從當下開始以信念與決心貫徹你的行動。

每天都要盡己所能地認眞工作，每個工作細節都要用幾近完美的成功態度去做好；在你所做的每件事裡，灌注成功的力量與致富的決心。

但千萬不要只是爲了取悅上司才去做這些事，希望他們能因此看見你的工作表現並讓你升職，這種觀念是不對的。一個只在他的職務上表現良好，並以此爲滿足的「好」職員，對其老闆來說是有價値的；雇主並不會爲此晉升他的職位，因爲他在自己的工作崗位上已經表現得很好。爲了得到升遷，除了要能做好自己份內的工作，還有一個必要的條件。

一個能得到升遷機會的人，他必定擁有超越目前職務所需的能力，並且非常清楚自己將成爲什麼樣的人。他知道自己有能力做到他要做的事，他更知道自己必定可以成爲他心中想成爲的那種人。有這種信心的人，才能得到升遷的機會。

別爲了取悅上司才做好自己的工作，而是要懷著做這些事可以讓自己更進步的想法去做。無論是工作時刻、下班後或上班前，都要抱持著積極進取的信念與決心。只要保持這種方式，每個與你有接觸的人，無論是工作上的前輩、後進，或單純只是人際關係上的朋友，都將感受到從你身上散發、一股由決心所產生的力量，如此一來，每個人都會在你身上得到積極、上進的觀感。人們會被你所吸引，即便你現在的工作環境沒有晉升的機會，你也能很快地找到機會，獲得你想要的工作。

宇宙間的那股強大力量，永遠都會爲那些遵守「特定方式」、充滿上進心的人，敞開一扇大門。「神/偉大力量」絕對會支持你，因爲祂這麼做就等於在幫助自己於人世間發光發亮、展現自我。

你的外在環境或整個社會制度都無法打垮你。如果在大鋼鐵工廠工作並無法讓你致富，或許你可以考慮轉行務農；你若開始以致富的特定方式工作，你絕對可以逃脫鋼鐵工廠的「桎梏」，轉移工作到農場或任何你想去的地方。

若鋼鐵工廠裡的多數員工都以致富法則開始新生活，工廠很快地就會陷入困境；工廠將爲員工提供更多的機會，更爲員工著想以期挽回民心，否則工廠將會因此關門。沒有人注定要爲鋼鐵工廠或任何企業賣命，大企業之所以會讓人陷入一種「改變生命狀態無望」的想法中，完全是因爲人們對「致富科學」沒有認知或覺醒，或是懶得去實踐這些法則。

以致富法則開始工作、思考，你的決心與信念將會讓你迅速找到改善人生境遇的機會。這樣的機會將會很快到來，因爲宇宙間至高無上的力量會爲你安排一切，並將機會帶到你的面前。

別只是等著完全符合你的期望的工作到來，當你得到一個比現在所處狀況還要好的機會，而你自己也想抓住這個機會，就要毫不猶豫地爭取它。它將是讓你踏向另一個好機會的第一步。

一個人若能以積極進取的態度生活，這個世界，以至整個宇宙，將不缺乏給予他的機會。

整個宇宙的事物將爲他而準備，並齊心爲了他的成就而工作；只要他能以致富的特定法則行動，他就必能富有。因此，請所有受薪階級仔細研讀此書，並依照書中指定的行動規畫，自信地進入獲取財富的世界。請相信，你一定會成功！

第十六章

忠告與建議

Some Cautions and Concluding Observations

許多人或許對本書所提出的「致富是一門精確的科學」這個觀點感到不以爲然，因爲他們的心裡仍抱持著「世界上的財富有限」的舊想法，因此，他們堅持若要使更多的人民富足，就必定要改進社會與政府機關。

然而，事實並非如此。

現存的政府體制的確讓很多人生活貧困，但大部分人無法致富，卻是因爲他們不能以致富的「特定方式」思考與行動。

一旦群眾開始以本書中所提到的建議向前行動，無論是政府或企業，都無法阻止人民富有；反而是所有的機構系統，都要因應這個潮流而做出修正。只要人民有積極進取、自我提升的心智，他們只要持續保持信念、堅定決心就能富有，沒有任何事可以使其貧窮。

所有人隨時都可以執行致富的「特定方式」，無須受到政府的管理或打壓，而且他們一定能夠致富。並且，只要有衆多在政府管轄下的人民以致富科學行動，這些人就會促成制度的改造與調整，並爲其他的弱勢開啓一扇大門。

越多人以競爭的手法獲得財富，就會對其他人造成越多損失；反之，若有越多人以創造的方式獲得財富，對其他人就越有益處。

只有數量眾多的人民實踐本書所提供的致富科學法，並因此而變得富有，經濟問題才能得以改善，人類就能脫離貧窮的苦境。這些生活得到改善甚至變得富庶的人，他們的生活態度將會指引其他人正確的致富方式，並激勵其他人要對眞正値得的人生保持渴望。只要心懷信念就能得到，只要抱持決心就能成功。

然而，就目前的情況而言，你只要知道無論是政府、企業的資本主義或是競爭體制，都不能阻撓你獲得財富。當你親身實現創造性思想，你的成就將會超越上述的這些體制怪物，並不再受其牽制，你自己也將成爲另一個理想國度的人民。

但是請你務必切記，你必須以創造性思想爲前提，無時無刻都要注意不讓自己的思考模式回到舊有的「資源有限」的想法上，或者想以競爭行動獲得財富與成功。

一旦你發現自己落入舊有的思考窠臼時，請立即調整自己的想法與態度，因爲當你懷著競爭性的思考方式，你將會失去與「宇宙間偉大心靈力量」的合作默契。

別浪費時間在計畫未來可能發生的緊急狀況上，除非是針對你目前採取之行動，可能發生的後續對策。你要關注的是現在、當下所做的事，盡量用完美、成功的方式去行動、工作，而非擔憂明日可能發生的危機。假使緊急狀況眞的發生了，屆時你再盡力解決就好。

別預先就將眼光專注在如何克服突然出現於事業坦途上的障礙，除非你非常清楚，勢必得調整、修改現在的運作方式，才能有效避免障礙的出現。無論擋在前途上的阻礙有多麼艱鉅，你會發現只要你持續以「特定方式」行動，當你即將接近時，這個困難就會自動消失不見。或許你能超越這個障礙，也或許你會找到另一條可行之路。

只要是恪守本書的科學方式尋求致富的人，都不可能被任何狀況擊倒。依照「致富科學」行事的人，必定可以富有，就如同數學中二加二必定得到四的定律一樣。

別緊張兮兮地想著可能發生的災難、阻礙、恐慌或不利於己的環境，就算它們現在就發生在你身上，你還是有時間能夠掌握處理，而且你也將會瞭解，每個困境本身，同樣會附帶著能夠解決它的好方法。

注意你的言詞，千萬別以氣餒或令人沮喪的方式談論自己、談論發生在自己身上的事，或所有的事。別去承認、去想失敗的可能性，也別以推斷失敗可能發生的方式說話。別說時機不好或事業前途堪慮之類的話。只有對那些以競爭方式行動、工作的人，才會有不好的時機與堪慮的前景，但對你而言，情況不會總是如此的，因爲你可以創造你所要的，你已無此畏懼。當別人覺得時機不好、生意慘澹時，你卻將可以找到自己的大好機會。

訓練自己並看待這個世界，就好像它正開始逐步成形、成長一般，而那些不佳的情況、不好的事情，都尚未萌芽發展。永遠都只談論樂觀上進、進步維新的事；若你想的只有失敗面，說的都是失敗的事情，你就是在否定自己內心的信念，一旦你否定了信念，同時也將失去它。

千萬不要讓自己覺得失望。也許你期望能在某個時候得到某件事物，卻無法如願以償，對你來說，這樣的情況似乎就是失敗。然而，只要你能堅定信念，你將發現失敗只是事情的表象。

請繼續以致富的「特定方式」行事，倘若你沒有得到那件事物，你會得到另一件更好的禮物，而那件看似失敗的事，其實是你原本無法預見的大成功。

一位學生在修習「變成有錢人法則」後，決定要做一項企業整併的工作，當時他非常渴望可以完成這項工作，他爲此埋守工作了幾個星期。當關鍵時刻來臨時，這件事卻令人無法理解地失敗了，就好像某些無形的影響力，暗地裡和他作對一樣。這位先生並未因此感到失望，相反的，他感謝神駁回他的欲望，並持續地以強烈的信念與決心生活。幾個星期後，一個更好的機會找上了他，這使得他的第一次機會看來如此微不足道。他因此深深瞭解，比他知曉更多事物的「宇宙偉大的心靈」，安排他失去小機會，只爲了讓他得到更多的利益。

你若能堅定信念、抱持決心、心懷感謝、每天都以成功的方式做好可以做到的每件事，那麼就算是看來失敗的結果，也會成爲你工作上的助力。當你遭受失敗，表示你的要求不夠，再接再勵地繼續堅持下去，那麼比你原本所尋找的更爲可觀的事物，將會來到你的身邊。請你切記這一點！你不會因爲缺乏做事所需的才能而失敗，只要你持續不懈地照著我所指示的去做，就一定能培養你工作所需的各項才能。雖然如何培養專才並不在本書的討論範圍，但培養專才絕對和致富的過程一樣確定、簡單。

但你要把握一點，別猶豫或因爲擔心自己缺乏能力導致失敗，而動搖自己的信心；繼續朝對的方向努力下去，當你到達那個位置、得到那個工作時，將自然具備該有的能力。這個宇宙的能力泉源幫助了林肯完成偉大的志業，也必然會助你做到你要做的事。你可以全心託付「無形的力量」，給予你面臨責任時所需要的智慧，並以滿腔的信念持續下去。

請仔細閱讀本書，在你能完全掌握、嫻熟書中含括的觀點之前，請隨身攜帶本書。在你建立信念的過程中，放棄大部分不必要的娛樂與消遣，並讓自己遠離那些散播與書中積極內容相互抵觸的地方，這麼一來你將做得更好。別去閱讀悲觀或與本書觀念衝突的作品，或和其他人辯論你認爲是對的這件事；只去瀏覽我在前言所提過的那些作者的作品。

用大部分的閒暇時間省視你自己心中的願景，培養感激的心，更要再三翻讀這本書。書裡包含了所有你必須知道的「致富」法則，下一章中，你將會看到這本書的重點總結。

第十七章

摘要

Summary of the Science of Getting Rich

- 宇宙萬物都由一種「思想存在體」所衍生、創造，這種「本原/思想存在體」的原來狀態，彌漫、穿透並充滿整個宇宙空間。
- 這個無形存在體中的任一個思想，都會形塑成真。
- 人類可在腦海描繪出新的事物，並將自己的思想銘刻於冥冥中的宇宙無形存在體上，就能將空想的事物一一創造出來。
- 要做到上述這一點，創造出個人所想之物，人必須將心中狹隘的競爭思想轉換成寬廣的創造思想；如此才能與存於創造精神中的「無形的思想存在體」融合一致。
- 若人能持續地對於自己所受的恩惠，心懷真摯的感謝，即能與「宇宙無形存在體」完全和諧融合。經由感恩之心，人與宇宙的力量將可合而為一，因此，「無形的思想存在體/神」就能獲悉你的思想與所求。經由深刻與持續地對感謝的體認，人才能與「無形的思想存在體」緊密結合，並得以維持自己的創造性思想。
- 人要在心裡清晰明確地形塑出想擁有、想去做及想成為的一切之心靈圖像；必須隨時思考這個心靈圖像，並為「無形存在體」所給予他的、恩准他的一切，有著深深的感謝。

- 一個想致富的人，必須以他的閒暇時間不斷地省視自己心靈中的影像，並對他現在已經獲得的事物有著誠摯的感謝。再多的強調也無法形容**時時省視自我內心圖像**的重要性**；省視能連結堅定的信念與衷心的感謝**。藉由省視自己內心的圖像，你能將銘記的力量傳遞給「無形的思想存在體」，而創造的力量更會因此啓動。

- 創造的力量經由自然界的生長、工業與社會秩序等管道，不停地運行工作。只要能照著上述方式行動、作為，並秉持不變信念的人，必定可以得到他內心所期望的一切。他將藉由既定的交易與商業方式，得到他所需求的一切。

- 為了在他所求的一切到來時，可以順利接受屬於他的一切，個人也必須行動、付出努力，這個行動必須奠定在他現在的職務之上。他必須將自己的致富決心謹記於心，並要貫徹實踐內心的圖像，才能獲得自己夢想的成果。而且必定要每日不懈地行動，並將當日可以做完的每件事，以最完美成功的態度完成它。

給予他人可供使用的價值，絕對比對方付給的我們還要多，如此一來，每筆交易、每個互動，都會讓生命變得更有價值；他必須秉持積極進取的思想，此舉與信念會讓所有與他接觸的人，都對他留下「不斷提升自我」的良好印象。

◎ 每個實踐上述指引的人，必定會得到財富；他所獲得的一切，必定會遵循他內心所需的圖像、他所貫徹的決心、他所堅持的信念，以及他內心感謝的程度，得到合理與適當的安排。

1.心靈雞湯

我們一天至少需要四次的擁抱才得以存活，八次的擁抱才能勉強維持生命，至少十二次才會有成長。如果你無法獲得那些擁抱，那麼閱讀心靈雞湯吧。

2.心靈雞湯2

因為第一本《心靈雞湯》是這樣的強而有力。他們告訴我們，因為靈魂之愛的能源、鼓舞、淚水和歡笑深深擄獲了他們，才使他們無法停止的一直讀下去。

3.心靈雞湯3

這本書包括了一百則能夠鼓勵、感動人的故事，將使你能更無條件地去愛人，更熱情的生活、更堅定地去追求你內心的夢想。

4.心靈雞湯4

小時候我們會在餐桌旁，跟親密的家人、朋友，訴說生活裡大大小小的故事。現在我們已經很少這麼做了……為什麼呢？（本書收錄了麥可．喬登的感人小故事。）

5.心靈雞湯5

本書將能激發你愛得更加完全且毫無條件，活得更有熱情與同情心，並以更為堅定、主動與無比的耐力，追尋你的夢想。提供你源源不斷的洞察力與智慧。

6.心靈雞湯6

關於愛、學習、家庭與克服障礙的永恆智慧故事。提供你關於人類關懷、同情與愛的感人例子，激發你的情感、提高你的意識，也重新確認你盡情生活的承諾。

7.心靈雞湯-關於女人

本書中100則女人的故事，收藏了女人的喜、悲、歡笑與心聲，相信你將深深感動並獲得成長。

8.心靈雞湯-關於工作

以人為本，所以能真心付出關懷，視人的需要重於一切，所以能提供最佳服務，顧及他人與自己的利益，這樣的工作態度，即使做再平凡的工作，都能光芒閃耀。

9.心靈雞湯-關於青少年

年輕人對世界並沒有太多的了解與足夠的應變能力，常猛頭撞上人生的悲喜，每次的撞擊都極可能造成人生的大轉彎，但我們因為有愛與希望所以都能走向寬廣的路。

10.心靈雞湯-獻給媽媽

陳水扁先生、白冰冰女士 真情推薦
時空或許不同，母親的愛卻從未改變。書中的例子，就好像你的、他的、我們的媽媽一樣，十分親切。

11.心靈雞湯-關於勇氣

書中種種關於膽怯的小故事，或溫馨、或有趣、或傷感，詳實地指出人們在生活中最常遇到的盲點，也藉由所謂的「阿拉丁原理」教你輕鬆跨越心理障礙。

12.心靈雞湯-關於信仰

以基督教精神帶出一篇篇有關愛、施予、寬恕、信仰、生死的故事。在煩擾的生活中，每一則故事都能淨化您的心靈，使您敞開心胸，在生活中更能體驗愛及表達愛。

14.心靈雞湯-親親寵物

寵物讓的生命更豐富、更有意義。人類有想要愛人和被愛的本能，也有需要人和被他人需要的天性，這是恆久的，閱讀完這些故事，相信您會有更深的體會。

15.心靈雞湯-少年話題

閱讀這本書時，你會發現它紀錄了青年的成功、心情、煩惱、突破、見識，還有對自己成長的認知。相信你一定會喜歡這本書。因為它就是你的故事，只要你需要一些鼓勵，這本書就在你身邊，伴你成長。

內容涵蓋文學名著、心靈成長、人物傳記、小說故事等，是陪伴您成長的好書。

40 歲前該做的 101 件事

擁抱快樂、自在過活，人生 40 才開始！

克莉絲汀．麥卡肯（Kristin McCracken）◎著　詹思汨◎譯　定價 220 元

邁向人生 40 大關的你，要怎麼過生活才不會虛度空擲呢？本書 101 個趣味建言：最後的瘋狂浪漫、去巴黎、來去 KTV、音樂品味升級、自己去看電影、愛自己原來的樣子……，幫助你開拓更自在、豐富的人生。不論你是已經 40 歲，或是將要 40 歲，想做這些事永遠不會太遲！

老公愛說謊?!

提姆．瑞塔&希拉．瑞塔（Tim & Sheila Riter）◎著　張嫻◎譯　定價 250 元

婚姻中的謊言有些幽默風趣、有些嚴肅認眞、有些單刀直入，有些拐彎抹角……想知道說了「我願意！」後的眞相嗎？爲什麼男人愛說謊？男人眞的愛說謊嗎？他們最常說的謊言是什麼？謊言背後又隱藏著怎樣的眞相？當雙方能面對婚姻現實，知道說謊是夫妻間不可避免的事實之後，相信你們會更包容彼此，攜手維護兩人的婚姻。

老婆愛說謊?!

提姆．瑞塔&希拉．瑞塔（Tim & Sheila Riter）◎著　侯玉杰◎譯　定價 250 元

爲什麼女人老是口是心非？女人心海底針？這是男人一生都摸不透的問題！你是否發現你的老公（老婆）在戴上婚戒後就不再具有魅力？其實不是彼此給的太少，而是我們一直要的太多。當愛情走向婚姻，需要的不只是承諾，而是當初發誓要給對方承諾時那「珍貴的初衷」。誰都不想把親愛的另一半拱手讓人，「誠實以對」是最好的辦法！唯有跨越謊言，才有幸福美滿的婚姻。

奧黛麗赫本的優雅風範

梅麗莎•海爾斯頓（MELISSA HELLSTERN）◎著 吳千惠◎譯　定價 280 元

赫本迷抒寫關於赫本的一生，細膩的小品筆法陳述，突顯她的個人風采及風範。本書附有七十幾幀展現奧黛麗赫本風采的照片，從童年到中年甚至老年的紀事，收集她每一階段的赫本語錄、別人眼中的赫本這些評語及幕後花絮的點點滴滴，看見不同風貌的奧黛麗赫本。

西潮

一段青年成長的歷史證言．一部超越時代的跨世紀之作

蔣夢麟◎著　羅家倫◎序　定價 350 特價 199 元

一個身處於西風東漸潮流下的時代青年，面對一個極度年輕、又極度滄桑的國家時，會是什麼樣的眼光與心情？以自傳方式開卷長言，在看盡滿清末年到台灣近代滄海桑田的世局後，以對社會的人生的深刻透視，提供現代人一部跨世紀的歷史證言，及歷久彌新的人生智慧。

調情的藝術

布里吉特．布森克普夫◎著 毛小紅◎譯　定價 250 元

『調情』是一種藝術！就像跳探戈，從摸索中逐漸找到彼此的默契。調情能在無形中散發你的獨特魅力，幫助你提升自信、魅力及交際能力。人的一生中都在調情，不論你單身或已婚，學會調情健康又養生，可以讓你及身邊的人感受你一生的浪漫。

勁草叢書 晨星出版社的經典暢銷書系之一

我們都是天使

眞摯動人，更甚《最後十四堂星期二的課》！

吉姆‧伍頓（Jim Wooten）◎著　林久淵◎譯　定價250元

一個來不及長大的黑人小男孩，與一個從未放棄的白人女性，一同超越生命的軌跡……故事沒有快樂的結局，甚至沒有充滿希望的開端，卻令所有讀過的人，熱淚盈眶，久久不能忘懷！

Get Lucky！讓幸運來敲門

創造幸運的9個祕訣‧擁有它，你將幸運到底！

薩瑞莎‧張（Theresa Cheung）◎著　定價250元

幸運不是與生俱來的。創造好運是一種技能，是可以掌控的一種態度。如果你想變得幸運的話，你要做的就是要思考幸運、表現幸運：這本書會教給你實際的做法。

幽默口才成功學

好人緣，才有好財源！

幽默大師　賴淑惠◎著　定價200元

笑了，就好辦事！本書教你如何一開口就幽默，學習零負擔，溝通零障礙，三言兩語，萬事OK！幽默不是天生的，但可以不斷地透過學習、訓練、吸收來達成。用幽默口才化解生活煩憂，爲你的幸福人生加滿分！

幽默智慧好錢途

除了有錢，更要心靈富足！

幽默大師　賴淑惠◎著　定價230元

學會使用幽默這塊法寶，就能歡喜自在，成功致富。經濟不景氣，幽默不可以縮小；透過本書洗禮，每天微笑，一起鉤住人生的金元寶！

穿高跟鞋爬公司樓梯

女性職場&生活雙贏的12個祕訣

凱瑟琳‧亞克姆柏◎著　侯玉傑、張嫻◎合譯　定價250元

想像慾望城市的主角們一樣，隨心所欲，擁有自信快樂嗎？本書教女性們在職場、生活晉升女王：在公司獲得升遷，並樂在其中；運用12種角色和才幹，變成公司的領航者；獲得一份成功的事業和一個美滿的生活……

爲什麼愛說謊

面對堆積如山的謊言，你知道哪句才是眞話嗎？

布萊恩‧金恩（Brian King）◎著　賴震宇◎譯　定價250元

「我們是天生的騙子，平均一天說6次謊言……」對人類來說，說謊不需學習，天生就會，像呼吸一樣自然。透過本書，從多種角度了解人類說謊的行爲、原因、影響等破解商場、人際上的口是心非、爾虞我詐！一面洞悉人性，一面挖掘其中樂趣。

一分鐘成功 01

變成有錢人法則

作者　華勒斯・瓦特斯
譯者　曾明鈺
編輯　楊曉瑩
校對　王淑華、蔡以貞
美術編輯　Sharon 陳

發行人　陳銘民
發行所　晨星出版有限公司
台中市工業區 30 路 1 號
TEL：04-23595820　Fax：04-23597123
E-mail: morning@morningstar.com.tw
http://www.morningstar.com.tw
行政院新聞局局版台業字第 2500 號
法律顧問　甘龍強律師
承製　知己圖書股份有限公司　TEL：（04）23581803
初版　西元 2008 年 10 月 30 日

總經銷　知己圖書股份有限公司
郵政劃撥：15060393
（台北公司）台北市 106 羅斯福路二段 95 號 4F 之 3
TEL：（02）23672044　FAX：（02）23635741
（台中公司）台中市 407 工業區 30 路 1 號
TEL：（04）23595819　FAX：（04）23597123

定價 180 元
（缺頁或破損的書，請寄回更換）
ISBN 978-986-177-231-8
Published by Morningstar Publishing Inc.
Printed in Taiwan

國家圖書館出版品預行編目資料

變成有錢人法則／華勒斯 · 瓦特斯（Wallace D. Wattles）著；曾明鈺譯 .——初版 .——臺中市：晨星，2008

面；　公分 .——（一分鐘成功；01）

譯自：The science of getting rich

ISBN 978-986-177-231-8(平裝)

1. 成功法 2. 財富

177.2　　97015452

◆讀者回函卡◆

以下資料或許太過繁瑣，但卻是我們瞭解您的唯一途徑
誠摯期待能與您在下一本書中相逢，讓我們一起從閱讀中尋找樂趣吧！

姓名：__________ 別：□男 □女 生日： / /

教育程度：__________

職業：□學生 □教師 □內勤職員 □家庭主婦
□SOHO族 □企業主管 □服務業 □製造業
□醫藥護理 □軍警 □資訊業 □銷售業務
□其他__________

E-mail：__________ 聯絡電話：__________

聯絡地址：□□□__________

購買書名：《變成有錢人法則》

・本書中最吸引您的是哪一篇文章或哪一段話呢？__________

・誘使您購買此書的原因？

□於________書店尋找新知時 □看________報時瞄到 □受海報或文案吸引
□翻閱________雜誌時 □親朋好友拍胸脯保證 □________電台DJ熱情推薦
□其他編輯萬萬想不到的過程：__________

・對於本書的評分？（請填代號：1.很滿意 2.OK啦！ 3.尚可 4.需改進）

封面設計________ 版面編排________ 內容________ 文／譯筆________

・美好的事物、聲音或影像都很吸引人，但究竟是怎樣的書最能吸引您呢？

□價格殺紅眼的書 □內容符合需求 □贈品大碗又滿意 □我誓死效忠此作者
□晨星出版，必屬佳作！ □千里相逢，即是有緣 □其他原因，請務必告訴我們！
____

・您與衆不同的閱讀品味，也請務必與我們分享：

□哲學 □心理學 □宗教 □自然生態 □流行趨勢 □醫療保健
□財經企管 □史地 □傳記 □文學 □散文 □原住民
□小說 □親子叢書 □休閒旅遊 □其他__________

以上問題想必耗去您不少心力，爲免這份心血白費
請務必將此回函郵寄回本社，或傳眞至（04）2359-7123，感謝！
若行有餘力，也請不吝賜教，好讓我們可以出版更多更好的書！

・其他意見：

晨星出版有限公司 編輯群，感謝您！

請填妥後對折裝訂，直接投郵即可，免貼郵票。

廣告回函
台灣中區郵政管理局
登記證第 267 號
免貼郵票

407
台中市工業區 30 路 1 號
晨星出版有限公司

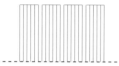

請沿虛線摺下裝訂，謝謝！

更方便的購書方式：

1 網站：http://www.morningstar.com.tw
2 郵政劃撥 帳號：15060393
戶名：知己圖書股份有限公司
請於通信欄中註明欲購買之書名及數量
3 電話訂購：如爲大量團購可直接撥客服專線洽詢

◎ 如需詳細書目可上網查詢或來電索取。
◎ 客服專線：04-23595819#230 傳眞：04-23597123
◎ 客戶信箱：service@morningstar.com.tw

THE UNITED STATES OF AMERICA
FEDERAL RESERVE NOTE
THIS NOTE IS LEGAL TENDER FOR ALL DEBTS, PUBLIC AND PRIVATE
TEN DOLLARS
WASHINGTON, D.C.

THE UNITED STATES OF AMERICA
TEN DOLLARS
THIS NOTE IS LEGAL TENDER FOR ALL DEBTS, PUBLIC AND PRIVATE
WASHINGTON, D.C.
SERIES 1995
B00100642C